U0088647

臺灣歷史與文化 研究輯刊

六 編

第 2 冊

臺灣總督府統計調查事業之研究（下）

林佩欣 著

花木蘭文化出版社

國家圖書館出版品預行編目資料

臺灣總督府統計調查事業之研究（下）／林佩欣 著 -- 初版 --
新北市：花木蘭文化出版社，2014〔民103〕
目 4+160 面：19×26 公分
（臺灣歷史與文化研究輯刊 六編；第 2 冊）
ISBN 978-986-322-946-9（精裝）
1.政府統計　2.日據時期
733.08　　　　　　　　　　　　　　　　　103015081

ISBN-978-986-322-946-9

9 789863 229469

臺灣歷史與文化研究輯刊
六　編　第二冊　　　　　　　ISBN：978-986-322-946-9

臺灣總督府統計調查事業之研究（下）

作　　　者　林佩欣
總 編 輯　杜潔祥
副總編輯　楊嘉樂
編　　　輯　許郁翎
出　　　版　花木蘭文化出版社
社　　　長　高小娟
聯絡地址　235 新北市中和區中安街七二號十三樓
　　　　　　電話：02-2923-1455／傳眞：02-2923-1452
網　　　址　http://www.huamulan.tw 信箱 hml810518@gmail.com
印　　　刷　普羅文化出版廣告事業
初　　　版　2014 年 9 月
定　　　價　六編 21 冊（精裝）新台幣 42,000 元　　　　
版權所有・請勿翻印

臺灣總督府統計調查事業之研究（下）

林佩欣　著

表　次

圖　次

第五章　統計活動的擴展
（1918.6～1937.7）

　　總督府統計機關以官房統計課的組織持續至 1918 年 6 月，因應時代潮流所需，又有機關再改制的聲浪。原因是 1910 年代之後，日本對中國華南和南洋的活動轉趨積極，有了應在臺灣設置南方調查機關的議論，在此背景下，官房統計課被擴充為官房調查課，除了原來統計事務之外，另加上南方制度和經濟調查事項，將統計和調查兩者機能合一，更強化統計提供國情資訊的功能。在此階段，總督府統計理念基本上並無不同，但順應日本國內局勢和方針，統計機關順勢被納入母國系統，配合母國需求，實施國勢調查、資源調查及家計調查等統計調查，擴展了統計的內容。因此，本章擬探討官房調查課成立的經緯及其統計活動，探究 1918 年之後，總督府統計活動的擴展情形〔註1〕。

第一節　官房調查課的創設

　　日本對南洋的興趣始於明治維新時期，不過由於政策還不明確，因此始終沒有積極推進，直至 1910 年代態度才轉趨積極。由於臺灣與中國華南隔著臺灣海峽，並接近東南亞各國，特殊的地理位置，被視為南進重要的據點和跳板，在前進南支南洋的同時，為了增進必要知識，設置調查機關從事調查活動，成為嚮往發展者的期盼。不過，總督府並非獨立設置調查機關，而是

〔註 1〕官房調查課的南支南洋調查事項因不屬統計調查範疇，本文略而不述，對該課南支南洋的調查事業有興趣者，請參王麒銘，〈臺灣總督府官房調查課及其事業之研究〉（臺北：臺灣師範大學歷史所碩士論文，2005）。

將官房統計課組織擴大，也因如此，使統計機關的設置受到影響。以下論述官房統計課擴充爲官房調查課的背景、經過及此階段的統計業績。

一、官房調查課的創設背景

第一次世界大戰時，日本趁著歐洲各國忙於大戰，無暇他顧之際，藉機奪盡英、法、荷等殖民國在南洋的市場。隨後，又進佔馬紹爾群島（Marshall Isls.）、加羅林群島（Caroline Isls.）、馬理安納群島（Mariana Isls.）等德國在南太平洋的殖民地，將這三地稱爲「內南洋」。巴黎和會時，列強將這三地委任日本託管，日人經略南方獲得國際承認。其後，又將西里伯斯（Celebes）、荷屬東印度（包括爪哇、蘇門答臘、婆羅洲等地）、沙勞越、菲律賓、馬來西亞等地稱爲「外南洋」，企圖一併佔有。因在南洋發展範圍不斷地擴大，日本國內陸續出現各種鼓吹進軍南洋的刊物，而掀起一股「南洋熱」〔註2〕。

受到這股風潮影響，1914 年底，東鄉實〔註3〕對經營南支南洋的基本措施發表文章，主張如欲達成熱帶統治的理想，基本措施即是派員到兩地短期考察、派員長期調查、派遣學術探險隊、設置南方調查局，以及創立關於熱帶殖民的高等教育機關。東鄉實建議總督府，應調整臨時臺灣舊慣調查會的職掌，使該單位不僅從事臺灣民族心裡的研究，也能擴大爲南方研究的機關〔註4〕。1915 年 1 月，在東京成立的「南洋協會」，更起了推波助瀾的作用〔註5〕。

〔註 2〕梁華璜，〈臺灣拓殖株式會社之成立經過〉，《臺灣總督府南進政策導論》（臺北：稻鄉出版社，2003.1），頁 15。

〔註 3〕東鄉實是著名的農學家和政治家，札幌農學校畢業後曾經留學德國柏林，學習殖民政策學，在臺灣歷任農事試驗場技師和總督府技師，並於 1921 年 5 月起，擔任官房調查課長；1924 年 2 月，成爲中央研究所技師。1924 年 4 月，以疾病爲由離臺。參第 3192 號文書，〈〔府技師〕東鄉實（官房調查課長）〉，《臺灣總督府公文類纂》，7 號，高等官進退原議五月份，1921 年 5 月；第 3760 號文書，〈元府技師東鄉實普通恩給証書下付ノ件〉，《臺灣總督府公文類纂》，25 號，第一門‧秘書，1924 年 4 月。

〔註 4〕王麒銘，〈臺灣總督府官房調查課及其事業之研究〉，頁 13～14。

〔註 5〕南洋協會成立於 1915 年 1 月，總部設在東京，發起人包括臺灣總督府民政長官內田嘉吉、澀澤榮一、井上雅二等人，該會主要任務爲調查南洋的產業、制度、社會；將南洋狀況介紹給國內；將日本情況介紹給南洋；培養南洋企業經濟發展上所需的人才；設立南洋博物館及圖書館等，又發行機關誌《南洋協會雜誌》，至 1945 年未曾中斷，對繼承明治時代的「南進論」論述，發揮極大的作用。參梁華璜，〈臺灣拓殖株式會社之成立經過〉，頁 16。

　　1915 年 12 月，總督府著手展開官房調查課籌備，指出調查課設置目的在研究與臺灣有密切關係的中國南方、澳洲、南亞、南美、海峽殖民地（新加坡、檳城、麻六甲）、印度及南洋諸島等地，之政治、經濟、產業、宗教及其他制度等項目。一來作爲統治臺灣的參考資料，二來可促進海外發展的契機，與臺灣的任務更加緊密結合。而爲求研究的正確性，除了根據書籍之外，到當地實地考查有其必要性，雖然總督府各部局已派員到海外，執行業務所需之調查，但爲了整合調查，避免資源重複，有必要設置特別機關，進行有效的調查〔註6〕。

　　在總督府籌備官房調查課之際，輿論也不停積極鼓吹。例如：1917 年 10 月，報社主筆橋本白水撰文呼籲總督府設置調查課，派遣人員調查華南及東南亞。大阪經濟新聞社記者古川浩，指出安東貞美和下村宏上任後，首先推進南支南洋政策，臺灣總督府的事業不限於島內，應朝向大規模的積極方針前進，尤其是經營對岸中國事關重大，延遲一天則損失一天，若能以臺灣作爲根據地，以廈門和汕頭作爲玄關，樹立深入華南活動之計畫，在華南培植穩固的勢力絕非難事，因此希望能在臺灣設置華南的調查研究機關〔註7〕。

　　1917 年 8 月，輿論指出，隨著各單位事務逐漸加重，各自孤立的調查難免多有所不便和不定，加以中央政府新設拓殖局，銳意於殖民地統治事宜，目前實爲在官房內設置新調查課以相應的最佳時機〔註8〕。要之，綜觀官房調查課的成立，實與日本南進政策的實際需求有關，在此局勢下，專責機關已是勢在必行。

二、官房調查課的機構變遷

　　1918 年 6 月，臺灣總督府進行官制改正，將官房統計課改制爲官房調查課，同一時間，公布〈總督府官房調查課處務規程〉，官房調查課內設庶務、調查、報告及集查四掛，分別掌管文書、南支南洋等海外的制度及經濟調查、統計書編纂及統計調查等業務。整體來看，業務與前身並無不同，但增加南支南洋和海外制度的調查事項〔註9〕，成爲官房調查課的一大特色。

〔註6〕　第 2779 號文書，〈分課規程中改正ノ件〉，《臺灣總督府公文類纂》，1 號，第一門・文書，1918 年 6 月。
〔註7〕　王麒銘，〈臺灣總督府官房調查課及其事業之研究〉，頁 11～13。
〔註8〕　〈官房に調查課〉，《臺灣日日新報》，1917 年 8 月 12 日。
〔註9〕　第 2799 號文書，〈總督府官房調查課處務規程報告ノ件〉，《臺灣總督府公文類纂》，7 號，第二門・文書，1918 年 6 月。

　　資料文獻中並無法得知，為何總督府將南方調查業務併入統計機關中，而非另立新機關，或者併入其他機關。但仔細探究「統計」和「調查」的特質，皆是收集資料後之後，予以歸納分析，所得作結果成為國家政策參考，兩者皆具有情報功能，以此角度來看，「統計」和「調查」兩機關合而為一，實屬自然。

　　官房調查課存續時間為 1918 年 6 月至 1939 年 7 月。在此期間，順應總督府政策，課內編制和業務內容有過四次變更。單就統計事項而言，1919 年 12 月之前，統計業務被打散分屬於四掛中，由庶務掛執掌統計監督事宜；報告掛負責報告例、統計書的編纂；集查掛負責人口動態調查、算定人口、犯罪統計等的編製〔註 10〕。雖未集中於一掛，但統計事項絲毫未減，可見，雖然改掉統計的名稱，但官房調查課仍繼續從事統計相關事項，業務量與其前身相同，並未因課名更改而減少〔參表 5-1-1　官房調查課第一階段機關業務（1918.6～1919.12）〕〔註 11〕。

表 5-1-1　官房調查課第一階段機關業務（1918.6～1919.12）

掛　別	業務範圍
庶務	文書的發送、編纂及保管 人事及會計 課長官印和課印保管 統計的監督事項 其他不屬於他掛的事項
調查	南支南洋及海外經濟調查事項 調查書籍的保管和整理 圖書的買入及保管
報告	報告例相關事項 統計書的編纂事項 不屬於集查掛的統計事項

〔註 10〕　第 2799 號文書，〈總督府官房調查課處務規程報告ノ件〉，《臺灣總督府公文類纂》，2 號，第二門・文書，1918 年 6 月。

〔註 11〕　當時日本統計界即認為，臺灣總督府為了南支南洋及其他海外事項，將官房統計課改為官房調查課，使統計機關失去「統計」的名稱。雖然此舉頗為可惜，不過同年 5 月 27 日，朝鮮總督府官房總務局新設置統計課，使日本統計有所擴展，也可算是失之東隅收之桑榆。參〈臺灣總督府の調查課〉，《統計學雜誌》，392 號（1918.12），頁 456。

集查	人口動態調查事項 算定人口事項 犯罪統計事項

資料來源：第 2799 號文書，〈總督府官房調查課處務規程報告ノ件〉，《臺灣總督府公文類纂》，第 2 號，第二門・文書，1918 年 6 月。

至 1919 年 12 月，總督府改定「總督府官房調查課處務規程」，在官房調查課內設立庶務掛、調查掛和統計掛。庶務掛負責文書的發送、編纂及保管，人事及會計課長官印和課印保管，調查書籍的保管和整理，圖書的買入及保管等業務；調查掛負責南支南洋及海外經濟調查事項；統計掛負責臺灣總督府報告例相關事項、臺灣總督府統計書編纂相關事項、人口動態調查相關事項、算定人口相關事項、犯罪統計相關事項、統計的監督相關事項、其他的統計相關事項。換言之，統計業務集中在統計掛中辦理〔參表 5-1-2　官房調查課第二階段機關業務（1919.12〜1930.9）〕〔註 12〕。

表 5-1-2　官房調查課第二階段機關業務（1919.12〜1930.9）

掛　　別	業務範圍
庶務	文書的發送、編纂及保管 人事及會計 課長官印和課印保管 調查書籍的保管和整理 圖書的買入及保管等業務
調查	南支南洋及海外經濟調查事項
統計	臺灣總督府報告例相關事項 臺灣總督府統計書編纂相關事項 人口動態調查相關事項 算定人口相關事項 犯罪統計相關事項 統計的監督相關事項 其他的統計相關事項

資料來源：〈總督官房調查課處務規程〉，《臺灣總督府府報》，2006 號，1919 年 12 月 28 日，頁 136。

〔註 12〕　〈總督官房調查課處務規程〉，《臺灣總督府府報》，2006 號，1919 年 12 月 28 日，頁 136。

其後，因應日本國內相繼公布「資源調查法」及「資源調查令」，總督府也於 1929 年 12 月，公佈「臺灣資源調查令」，準備在臺灣實施資源調查。臺灣總督府的資源調查最初由殖產局商工課負責，但鑑於資源調查需要統合各部局事項，且需要專業的調查人才，因此，1930 年 9 月，資源調查業務移交至官房調查課〔註 13〕。南支南洋的調查則持續至 1935 年 9 月，總督府成立外事課之後，移交給外事課〔參表 5-1-3 官房調查課第三階段機關業務（1930.9～1937.7）〕〔註 14〕。

表 5-1-3 官房調查課第三階段機關業務（1930.9～1937.7）

掛　別	業務範圍
庶務	文書的發送、編纂及保管 人事及會計 課長官印和課印保管 調查書籍的保管和整理 圖書的買入及保管等業務
調查	資源調查
統計	臺灣總督府報告例相關事項 臺灣總督府統計書編纂相關事項 人口動態調查相關事項 算定人口相關事項 犯罪統計相關事項 統計的監督相關事項 其他的統計相關事項

資料來源：臺灣總督府，《臺灣總督府民政事務成績提要》，1930 年度。

至 1937 年，中日戰爭爆發，掌握各種戰爭資源為當局必備功課，資源調查成為官房調查課最重要的業務，此外，配合米穀問題而實施的家計調查〔註 15〕

〔註 13〕臺灣總督府，《臺灣總督府民政事務成績提要》，1930 年度，頁 134。關於資源調查的實施經緯，請參「第五章第三節」。
〔註 14〕外事課原來即為總督府編制之一，但於 1924 年被廢止，至 1935 年 9 月，隨著局勢改變，對海外發展日盛，外事課隨之復活。外事課職權共有七項，除了南支南洋的調查之外，還包括外國人、外國護照、外文的翻譯、西文電信符號、海外情況的介紹，以及其他一般的涉外事務，並於 1938 年改稱為外事部。王麒銘，〈臺灣總督府官房調查課及其事業之研究〉，頁 11～13。
〔註 15〕關於家計調查實施的經過，請參「第六章第一節」的介紹。

也如期展開。

　　1937 年 8 月，總督府鑑於家計調查的規劃，調查手續和調查樣式的制訂，調查計畫的設定，家計簿的檢查和整理，以及調查結果的編纂等，各項事務繁瑣，恐怕原有編制不足應付，因此上書拓務省，希望能於官房調查課內新設家計調查掛，執行家計調查各項業務，並臨時增置屬一人，配置雇員十人〔註 16〕。請求獲准後，官房調查課課內編制遂改組為：庶務掛、資源掛、統計掛、家計調查掛等四單位。

　　就負責事項而言，「資源掛」負責資源調查的實施、資源統制運用計畫的設定，以及軍需工業總動員的實施等；「統計掛」負責臺灣總督府報告例、臺灣總督府統計書、人口動態調查、算定人口、犯罪統計、統計監督事項、依特別命令所進行的制度與經濟調查等；「家計調查掛」負責家計調查實施規則、細則之制訂、調查手續與方式的制訂、調查事項與登記方法的制訂、家計調查的指導與監督，以及家計簿檢查、整理及結果的編纂等〔參表 5-1-4　官房調查課第四階段機關業務（1937.8～1939.7）〕〔註 17〕。

表 5-1-4　官房調查課第四階段機關業務（1937.8～1939.7）

掛　　別	業務範圍
庶務	文書的發送、編纂及保管 人事及會計 課長官印和課印保管 統計的監督事項 其他不屬於他掛的事項
資源	資源調查的實施 資源的統制運用計畫的設定 軍需工業總動員的實施
統計	臺灣總督府報告例 臺灣總督府統計書 人口動態調查、算定人口 犯罪統計

〔註 16〕　〈台灣總督府部內臨時職員設置制中ヲ改正ス（家計調查、家屋稅創設準備二關スル事務ノ為職員設置）〉，1937 年 8 月。
〔註 17〕　〈臺灣總督府部內臨時職員設置制ヲ改正ス〉，《公文類聚》，昭和十二年，第六十一編，1937 年。

	統計的監督事項
	依特別命令所進行的制度與經濟調查
家計調查	家計調查實施規則、細則的制訂
	調查手續與方式的制訂
	調查事項與登記方法的制訂
	家計調查的指導與監督
	家計簿檢查、整理及結果的編纂

資料來源：〈臺灣總督府部內臨時職員設置制ヲ改正ス〉，《公文類聚》，昭和十二年，
第六十一編，1937年。

　　由以上可知，總督府雖然將統計機關由官房統計課改制為官房調查課，
但此為因應南方調查研究所需，僅將原機關擴充，統計編制和業務並無改變。
反而因應需求，多了資源調查和家計調查兩項統計業務，並因業務所需，特
設資源調查掛和家計調查掛以為因應（參表5-1-5　官房調查課的業務變遷）。

表 5-1-5　官房調查課的業務變遷

	1918.6	1920.10	1929.12	1930.9	1935.12	1937.8
南支南洋及海外經濟調查事項	○	○	○	○		
臺灣總督府報告例相關事項	○	○	○	○	○	○
臺灣總督府統計書的編纂事項	○	○	○	○	○	○
臺灣人口動態調查事項	○	○	○	○	○	○
臺灣犯罪統計事項	○	○	○	○	○	○
國勢調查的實施		○	○	○	○	○
資源調查的實施				○	○	○
家計調查的實施						○

資料來源：根據各年度《臺灣總督府民政事務成績提要》整理而成。

　　由上表之歸納可知，當官房外事課成立之後，南支南洋調查事項隨之外
移，官房調查課至後期，全面退出南方調查的業務，另一方面，即使機關失

去「統計」這個名稱，實際上統計活動並未減少或停止，反而因時局之需使統計業務呈現擴張之勢。事實上，官房外事課成立之後，即有輿論認為，應在官房調查課內保留統計係即可，其餘業務移至官房外事課〔註 18〕，可見此單位並未喪失統計的職權。

此外，官房調查課長也有監督各地方、局部統計業務的職責，從 1924年 1 月，總督府公佈的〈臺灣總督府統計事務規程〉可知，總督府官房各課及各局部、法院、檢查局、州廳及臺灣總督府所屬官署，各設統計主務一人，負責統計的統一及統計材料的調查等事項。統計主務也有根據「臺灣總督府報告例」中的規範編製統計材料之職責，並需每年定期向官房調查課長報告。此外，若有其他統計的變更事項，也需向官房調查課長協議之後，才可實施，各局部若有統計相關協議事項，也需向官房調查課長照會，才可辦理，官房調查課長更有直接向統計主務交涉統計事項之職權〔註 19〕。由此規程也可看出，官房調查課長和前期的官房統計課長相較，統計的權責範圍並未有變化。

三、官房調查課的統計官員

官房調查課首任課長為片山秀太郎。片山秀太郎 1881 年 1 月出生於福岡縣，1905 年 7 月畢業於京都帝國大學，主修法律。1906 年 12 月來臺，擔任總督府專賣局書記，接著歷任專賣局事務官、總督府稅務官、總督府參事官等職。1917 年 10 月開始，連續奉派至婆羅州、東印度諸島、海峽殖民地、馬來半島、印尼群島及菲律賓群島等，西方帝國主義在南洋的屬地出差。1918年 6 月，擔任總督府官房調查課長〔註 20〕。

論者指出，片山秀太郎之所以雀屏中選首任課長，除其為總督府參事官，具有一定份量之外，1916 年 4 月南洋協會臺灣支部成立時，是委員之一，對臺灣與海外調查情形相當瞭解，是總督府 1910 年代開始涉足南方事務時的重量人物〔註 21〕。

〔註 18〕 〈外事課の復活と機能發揮の方法〉，《臺灣日日新報》，1934 年 8 月 1 日。

〔註 19〕 〈臺灣總督府統計事務規程〉，《臺灣總督府府報》，3145 號，1924 年 1 月 24日，頁 66。

〔註 20〕 第 3756 號文書，〈片山秀太郎普通恩給証書送付ノ件〉，《臺灣總督府公文類纂》，24 號，第一門・秘書，1924 年 1 月。

〔註 21〕 王麒銘，〈臺灣總督府官房調查課及其事業之研究〉，頁 24。

　　就人員編制觀之，如前所述，官房調查課業務分爲兩大類，一、爲南支南洋業務，二、爲統計業務，人事任用也因應這兩類所需。在統計業務人員方面，由於日本本國開始醞釀國勢調查，總督府也展開規劃事宜，預備與母國同步實施，因應調查事務之開展，1918 年 4 月起，總督府設置統計官，負責策劃事宜，最初爲臨時編制〔註22〕，但國勢調查結束後，統計官並未結束任免，反而成爲定制，一直持續至日治結束爲止，成爲日治中期之後，臺灣總督府最高的統計長官。官房調查課時期，統計官共有四位，第一位是前文提及的福田眞鷹，惟福田眞鷹在職期間甚爲短暫，僅一年又八個月，即於 1919 年 12 月，因病卒於任內〔註23〕。

　　福田眞鷹之後，1920 年 3 月，總督府根據臨時職員設置制度，任命堤一馬繼任爲統計官〔註24〕。堤一馬學經歷前已提及，其於 1907 年 8 月起，由地方轉任中央，擔任總督府屬兼臨時臺灣戶口調查部屬，後便持續任職於總督府中央統計機關，1920 年 3 月起，擔任第二任統計官至 1924 年 10 月，後以腦神經衰弱病症，身體不適爲由，離開臺灣〔註25〕。

　　堤一馬離開之後，1925 年 7 月，竹口原次郎擔任第三任統計官。原口竹次郎，1882 年 2 月出生於長崎，1901 年 4 月，入學早稻田高等學校專門預科，並於該校改制成大學後，入學大學部文學科，專攻哲學。1905 年 7 月，早稻田大學畢業之後，短暫留任學校從事研究工作，並兼任教務編輯事務。1907 年 9 月起，竹口原次郎先後復笈美國和德國，研究宗教學、哲學及社會學等領域，回國之後，1913 年擔任早稻田大學講師。

　　1918 年 6 月，原口竹次郎來臺，先後擔任臨時臺灣舊慣調查會、臺灣教育會及南支南洋及海外經濟事務研究等囑託，並於同時間進入官房調查課〔註26〕。1919 年 12 月，至印度、海峽殖民地、暹羅、沙勞越及印尼等南洋

〔註22〕〈國勢調查二關スル事務二從事セシムル爲臨時職員設置ノ件〉，《臺灣總督府府報》，1531 號，1918 年 4 月，頁 45。

〔註23〕〈台灣總督府殖產局長川崎卓吉外十五名金銀杯下賜ノ件〉，《公文雜纂》，大正十二年・第二卷・內閣一・賞勳局，1923 年 3 月。

〔註24〕第 2875 號文書，〈〔府屬〕福田眞鷹（任統計官）〉，《臺灣總督府公文類纂》，31 號，高等官進退原議五月份，1918 年 5 月。

〔註25〕第 3761 號文書，〈堤一馬普通恩給証書下付〉，《臺灣總督府公文類纂》，24 號，第一門・秘書，1924 年 5 月。

〔註26〕第 2888 號文書，〈原口竹次郎（南支南洋制度及經濟調查二關スル事務囑託）〉，《臺灣總督府公文類纂》，34 號，判任官以下進退原議六月份，1918 年 6 月。

地區考察；1922 年 10 月起，兼任臨時國勢調查部事務〔註27〕。1936 年 11月，離開職務回到日本〔註28〕。

　　原口竹次郎之後，擔任第四任統計官的是大竹孟。大竹孟 1893 年 5 月出生於九州大分縣；1917 年畢業於明治大學法科。1920 年進入國勢院就職，因協助實施日本國勢調查，獲授予第一次國勢調查紀念章，也擔任過中央統計委員會事務，以及國勢院職員養成所事務。國勢院改制為統計局之後，1922年 11 月成為統計局屬，1923 年 4 月升任為統計官補。1924 年 12 月，成為內閣統計局統計官補。1927 年，轉調擔任資源局統計官補，至 1937 年 3 月，在資源局長植村甲午郎推薦下，至臺灣擔任官房調查課統計官〔註29〕。

　　大竹孟任職至 1941 年 6 月，為促進總督府企畫部和企畫院的業務交流，兩單位協商互換官員，因此，大竹孟回到日本企畫院擔任調查官，原企畫院調查官柿崎宗穎則到臺灣來，擔任總督府官房企畫部統計官〔註30〕。關於柿崎宗穎的個人事蹟，第六章另有介紹（參表 5-1-6　官房調查課主要統計官員）。

表 5-1-6　官房調查課重要的統計官員

姓　名 （本籍）	職稱 （在職時間）	學　歷	經手業務	相關經歷
福田眞鷹 （三重）	統計官 （1904.4～1919.12）	（不詳）	第一次臨時臺灣戶口調查； 第二次臨時臺灣戶口調查； 第一次國勢調查 （於任內病逝）	官房文書課、官房統計課

〔註27〕　第 4003 號文書，〈原口竹次郎（〔任府統計官〕、陞等、俸給、勤務）〉，《臺灣總督府公文類纂》，12 號，高等官進退原議七月份，1925 年 7 月。

〔註28〕　第 10088 號文書，〈原口竹次郎依願免本官、年功加俸六百圓下賜）〉，《臺灣總督府公文類纂》，86 號，高等官進退原議十一月份，1936 年 11 月。

〔註29〕　第 10089 號文書，〈大竹孟任臺灣總督府統計官、敘高等官七等、七級俸下賜、總督官房調查課勤務ヲ命ス〉，《臺灣總督府公文類纂》，78 號，高等官進退原議三月份，1937 年 3 月；〈国勢院引継書類（九ノ二）〉，判任雇履歷書，1922年 11 月。

〔註30〕　第 10112 號文書，〈柿崎宗穎（任府統計官）〉，《臺灣總督府公文類纂》，40號，高等官進退原議六月份，1941 年 6 月。

堤一馬 （福岡）	統計官 （1907.8～1924.10） 〔註31〕	（不詳）	「第一次臨時臺灣戶口調查」結果報告書編纂； 第二次臨時臺灣戶口調查； 第一次國勢調查	臨時臺灣戶口調查部
原口竹次郎 （長崎）	統計官 （1925.7～1936.11）	早稻田大學	第一次國勢調查；資源調查	臨時臺灣舊慣調查會、臺灣教育會，及南支南洋及海外經濟事務研究等囑託
大竹孟 （大分）	統計官 （1937.3～1941.6）	明治大學法科	家計調查；資源調查；國勢調查	國勢院、統計局、內閣統計局、資源局等統計官補

資料來源：〈台湾総督府殖産局長川崎卓吉外十五名金銀杯下賜ノ件〉，《公文雜纂》，大正十二年・第二卷・內閣一・賞勳局，1923 年 3 月；第 3761 號文書，〈堤一馬普通恩給証書下付）〉，《臺灣總督府公文類纂》，24 號，第一門・秘書，1924 年 5 月；第 10088 號文書，〈原口竹次郎依願免本官、年功加俸六百圓下賜）〉，《臺灣總督府公文類纂》，86 號，高等官進退原議十一月份，1936 年 11 月；第 10089 號文書，〈大竹孟任臺灣總督府統計官、敘高等官七等、七級俸下賜、總督官房調查課勤務ヲ命ス〉，《臺灣總督府公文類纂》，78 號，高等官進退原議三月份，1937 年 3 月。

　　由上可知，官房調查課統計官員的人事任用，分為兩階段。前期係接續官房統計課既有的基礎，重要統計官員福田眞鷹、堤一馬二人，皆是在官房文書課時期，即在總督府統計部門耕耘的人物，兩人從雇、屬到統計官，逐步升遷，具備基礎統計實力。不過，堤一馬去職之後，取而代之的原口竹次郎，則明顯係基於南方調查的需求而聘僱，履歷中必未見其有統計相關專長或經歷，事實上，其專長領域也是在南方調查，被視為南方調查的先驅人物〔註32〕。接任的大竹孟更不待言，係由軍部直接推薦而來，來臺原因，推測為因應總動員事務，來臺探查臺灣資源。不過，大竹孟曾任職於中央統計機關，具備統計履歷又與資源局系統相熟，應是其雀屏中選之因。

〔註31〕統計官職務為 1920 年 3 月起擔任。
〔註32〕後藤乾一，《原口竹次郎の生涯──南方調查の先驅》（東京：早稻田大學出版部，1987.12）。

四、官房調查課的統計業績

官房調查課階段發行的統計報告書，多沿襲自官房統計課時期，包括「臺灣人口動態統計」、「臺灣犯罪統計」、「臺灣總督府統計書」以及「臺灣事情」等。此外，1921年12月，創刊《統計週報》〔註33〕，隔年與外事週報合併改名為《內外情報》〔註34〕，至1925年合併於《臺灣時報》〔註35〕。1936年11月，首次出版《臺灣住民生命表》，揭載關於國民生命的各種函數，不僅可知臺灣住民生命的長短和健康狀態，也可作為恩給、年金、生命保險事業等社會政策、社會設施的基礎資料（參表5-1-7　官房調查課歷年出版的統計書）〔註36〕。

表5-1-7　官房調查課歷年出版的統計書

出版年	書　名
1918	臺灣人口動態統計（大正五年） 臺灣犯罪統計（大正五年） 第二次臨時臺灣戶口調查顛末 臺灣人口動態統計記述報文（大正五年） 臺灣事情　第三回（大正六年） 臺灣現住人口統計（大正六年） 臺灣第十三統計摘要（大正六年） 臺灣總督府第二十一統計書（大正六年）
1919	臺灣人口動態統計（大正六年） 臺灣犯罪統計（大正六年） 臺灣人口動態統計記述報文（大正六年） 臺灣事情　第四回（大正八年）
1920	臺灣現住人口統計（大正七年） 臺灣人口動態統計（大正七年） 臺灣犯罪統計（大正七年） 臺灣人口動態統計記述報文（大正七年） 臺灣第十四統計摘要（大正七年） 臺灣總督府第二十二統計書（大正七年） 臺灣事情　第五回（大正九年）

〔註33〕　臺灣總督府，《臺灣總督府事務成績提要》，第二十六編（1921.12），頁142。
〔註34〕　臺灣總督府，《臺灣總督府事務成績提要》，第二十七編（1922.3），頁111～112。
〔註35〕　臺灣總督府，《臺灣總督府事務成績提要》，第三十一編（1928.4），頁166。
〔註36〕　臺灣總督府，《臺灣總督府事務成績提要》，第四十二編（1941.4），頁138。

1921	臺灣第十五統計摘要（大正八年） 臺灣現住人口統計（大正八年） 臺灣人口動態統計（大正八年） 臺灣總督府第二十三統計書（大正八年） 臺灣犯罪統計（大正八年） 臺灣人口動態統計記述數報文（大正八年）
1922	臺灣總督府第二十四統計書（大正九年） 臺灣第十六統計摘要（大正九年） 臺灣現住人口統計（大正九年） 臺灣人口動態統計原表、記述報文（大正九年） 臺灣犯罪統計（大正九年） 臺灣現住人口統計（大正十年） 臺灣事情（大正十年） 臺灣事情（大正十一年）
1923	臺灣第十七統計摘要（大正十年） 臺灣人口動態統計原表、記述報文（大正十年） 臺灣總督府第二十五統計書（大正十年） 臺灣犯罪統計（大正十年） 臺灣現住人口統計（大正十一年） 臺灣事情（大正十二年） 第一回臺灣國勢調查概數、要覽表、職業名字彙、集計原表（全島）、集計原表（州廳）、記述報文附結果表、顛末
1924	臺灣第十八統計摘要（大正十一年） 臺灣人口動態統計原表、記述報文（大正十一年） 臺灣總督府第二十六統計書（大正十一年） 臺灣現住人口統計（大正十二年） 臺灣犯罪統計（大正十一年） 臺灣第十九統計摘要（大正十二年） 臺灣事情（大正十三年）
1925	臺灣總督府第二十七統計書（大正十二年） 臺灣人口動態統計（大正十二年） 臺灣犯罪統計（大正十二年） 臺灣現住人口統計（大正十三年） 臺灣第二十統計摘要（大正十三年） 臺灣事情（大正十四年） 臺灣現勢要覽（大正十四年） 最近ノ臺灣（大正十四年）

1926	臺灣現住人口統計（大正十四年） 臺灣總督府第二十九統計書（大正十四年） 臺灣人口動態統計（大正十四年） 臺灣犯罪統計（大正十四年） 臺灣現勢要覽（昭和二年） 臺灣現住人口統計（昭和元年） 臺灣第二十二統計摘要（昭和元年） 臺灣事情（昭和元年）
1927	臺灣人口動態統計（大正十三年） 臺灣總督府第二十八統計書（大正十四年） 臺灣犯罪統計（大正十三年） 臺灣第二十一統計摘要（大正十四年） 臺灣現勢要覽（大正十五年） 臺灣事情（大正十五年） 臺灣大觀（大正十五年） 臺灣英文案內（大正十五年） 大正十五年國勢調查結果概數、結果便覽、結果表、顛末書
1928	臺灣犯罪統計（昭和元年） 臺灣人口動態統計（昭和元年） 臺灣總督府第三十統計書（昭和元年） 臺灣現住人口統計（昭和二年） 臺灣現勢要覽（昭和三年） 臺灣事情（昭和三年） 臺灣第二十三統計摘要（昭和二年）
1929	臺灣犯罪統計（昭和二年） 臺灣人口動態統計（昭和二年） 臺灣總督第三十一統計書（昭和二年） 臺灣現勢要覽（昭和四年） 臺灣現住人口統計（昭和三年） 臺灣事情（昭和四年） 臺灣第二十四統計摘要（昭和三年）
1930	臺灣犯罪統計（昭和三年） 臺灣總督府第三十二統計書（昭和三年） 臺灣人口動態統計（昭和三年） 臺灣現勢要覽（昭和五年版） 臺灣住民の生命に關する研究（昭和五年）

	臺灣現住人口統計（昭和四年） 臺灣事情（昭和五年）
1931	臺灣總督府第三十二統計書（昭和四年） 臺灣人口動態統計（昭和四年） 臺灣犯罪統計（昭和四年） 臺灣現勢要覽（昭和六年） 臺灣現在人口統計（昭和五年） 臺灣事情（昭和六年）
1932	臺灣總督府第三十三統計書（昭和五年） 臺灣人口動態統計（昭和五年） 臺灣犯罪統計（昭和五年） 臺灣現勢要覽（昭和七年） 臺灣現住人口統計（昭和六年） 臺灣事情（昭和七年）
1933	臺灣總督府第三十四統計書（昭和六年） 臺灣人口動態統計（昭和六年） 臺灣犯罪統計（昭和六年） 臺灣現勢要覽（昭和八年） 臺灣現住人口統計（昭和七年） 臺灣事情（昭和八年） 昭和五年國勢調查結果概報、中間報（七市四十五郡三廳各別冊）、結果表（州廳編）、結果表（全島編）
1934	臺灣總督府第三十五統計書（昭和七年） 臺灣人口動態統計（昭和七年） 臺灣犯罪統計（昭和七年） 臺灣現勢要覽（昭和九年） 臺灣常住戶口統計（昭和八年） 臺灣事情（昭和九年）
1935	臺灣總督府第三十六統計書（昭和八年） 臺灣人口動態統計（昭和八年） 臺灣犯罪統計（昭和八年） 臺灣現勢要覽（昭和十年） 臺灣常住戶口統計（昭和九年） 臺灣事情（昭和十年）

1936	臺灣總督府第三十七統計書（昭和九年） 臺灣人口動態統計（昭和九年） 臺灣現勢要覽（昭和十一年） 臺灣常住戶統計（昭和十年） 臺灣事情（昭和十一年） 臺灣第三十一統計摘要（昭和十年） 臺灣住民ノ生命表　第一回（昭和十一年） 臺灣犯罪統計（昭和九年）
1937	臺灣總督府第三十八統計書（昭和十年） 臺灣人口動態統計（昭和十年） 臺灣犯罪統計（昭和十年） 臺灣現勢要覽（昭和十二年） 臺灣常住戶口統計（昭和十一年） 臺灣事情（昭和十二年） 臺灣第三十二統計摘要（昭和十一年）
1938	臺灣總督府第四十統計書（昭和十一年） 臺灣人口動態統計（昭和十一年） 臺灣人口動態統計記述編（昭和十一年） 臺灣犯罪統計（昭和十一年） 臺灣現勢要覽（昭和十三年） 臺灣常住戶口統計（昭和十二年） 臺灣事情（昭和十三年） 臺灣第三十三統計摘要（昭和十二年） 臺灣勞働事情調查結果表

資料來源：臺灣總督府，《臺灣總督府事務成績提要》，第二十四至四十四編（1919.12
～1941.7）。

　　綜上所述，因應南方政策所需，總督府於 1918 年 6 月，將原來的官房統
計課編制加以擴充，成立新的官房調查課。新成立的官房調查課除接續官房
統計課所有的統計業務外，另加上南支南洋制度和經濟的調查事項，該機構
的成立，主要是基於南進的需求，是日本對外擴張政策下的產物。就官房調
查課的業務而言，南方調查業務持續僅至 1930 年 9 月，即移交至外事課。而
統計業務則穩定的進行，甚至有擴展的現象，顯示統計活動仍是官房調查課
的業務重心，從其歷年統計業績來看，延續前身的統計規劃，相關統計出版
品如期出版，與往年並無不同。可說，雖然官房調查課的成立，使總督府統

計機關失去「統計」的名稱，但對整體統計事業來說，並未失去主體性。到後期，反而因為政策的需要，使該機關的統計活動有擴展的現象。就統計官員而言，前兩任統計官福田眞鷹和堤一馬，為官房文書課時期即固守崗位的統計官員，兩人基層經驗豐富，具有一定資歷。自第三任統計官原口竹次郎，至第四任統計官大竹孟，皆為自日本派遣而來。原口竹次郎的專長為海外調查事項，大竹孟則是來自中央的資源局，兩位到任可說皆與日本對外擴張的政策有關。

第二節　國勢調查的實施

如前所述，日本實施國勢調查歷經波折，先是因日俄戰爭延期，雖然於1910年4月，重啓國勢調查籌備委員會〔註37〕，並協議調查方針〔註38〕，最後仍因日本政府對外出兵，財政困窘等因素，使原訂於1915年實施的調查再度終止。如此延宕了兩回之後，至1917年，鑑於一次世界大戰之後，國際形勢趨於複雜，從西方的經驗可知，明白國家大勢為必要之舉〔註39〕。適逢1920年即將到來，又是國際慣例統一實施人口調查的年份〔註40〕，加以各國又頗為重視戰後的人口問題〔註41〕，考量國內外環境皆成熟的前提下，日本決定重新實施國勢調查。不過，距離第一次策劃調查時已經過了15年之久，其間國內局勢環境變化甚多，而臺灣歷經15年的發展，社會風俗民情改變甚多，也使該調查呈現與以往不同的風貌。以下論述1920年臺灣國勢調查籌備和實施的情形。

一、實施背景

1918年2月，帝國第四十議會通過國勢調查預算〔註42〕，定1918、1919兩年為調查準備期，於1920年10月1日午前零時，在國內及各殖民地實施

〔註37〕 水科統計課長，〈國勢調查と臺灣〉，《臺灣日日新報》，1910年4月9日，2版。
〔註38〕 〈國勢調查總會〉，《臺灣日日新報》，1910年6月23日，2版。
〔註39〕 〈國勢調查實施の計畫〉，《統計集誌》，440號（1917.10），頁543。
〔註40〕 二階堂保則，〈國勢調查に就て（二）〉，《統計集誌》，456號（1919.2），頁62。
〔註41〕 橫山雅男，〈國勢調查の施行は時代の要求なり〉，《統計學雜誌》，381號（1918.1），頁5。
〔註42〕 牛塚虎太郎，〈國勢調查の法規に關する說明〉，《統計集誌》，461號（1919.7），頁359。

調查〔註43〕。1918 年 5 月，公布國勢調查局和評議會官制，臨時國勢調查局局隸屬內閣，局長爲內閣書記官長兒玉秀雄，副局長爲內閣統計局長牛塚虎太郎〔註44〕，其他職務則由各廳高等官或有經驗者擔任。評議會在內閣監督下行使諮問之職，調查審議相關事項，給予適當意見，會長爲內務大臣，設評議員 30 人，必要時可設臨時評議員〔註45〕，前內閣統計局長花房直三郎也在評議員之列〔註46〕。

　　延後 15 年的國勢調查再度實施，相較 1905 年，主客觀環境已大不相同，日本於一次世界大戰之後，國勢達到顚峰，又陸續取得朝鮮、關東及樺太（按：也就是南庫頁，以下同）等殖民地，國土領地大爲擴張，調查規模自然不同於以往。1918 年 9 月 25 日，日本以勅令第三五八號公佈「國勢調查施行令」，明確指出國勢調查範圍包含日本帝國全版圖，包含朝鮮、臺灣及樺太，而殖民地文化與本國多少不同，調查較爲困難，因此，在原議定的調查事項外，應再追加各殖民地之特殊事項，以究明各殖民地的特性〔註47〕。

　　對於國勢調查再度恢復實施，統計界普遍持正面回應，例如：橫山雅男指出，國勢調查爲時代的要求，日本與各國交戰之後，國家形勢和社會均有所改變，歐戰結束之後，歐美各國政治、經濟、軍事、教育及社會等各方面的激變也令人驚嘆，爲了冷靜地研究各種國際問題，只能依賴統計。然而日本國內卻沒有被稱爲「統計之王」的人口統計數據，只依賴簿冊調查提供的不確實數字，實在難以令人信服，因此必須盡快實施第一次國勢調查，並且於五年後實施第二次，甚至是第三次，累積更多精確的人口資料〔註48〕。

　　就臺灣而言，輿論也對臺灣第三度實施報以肯定，指出雖然這是日本及其他殖民地首次實施調查〔註49〕，但臺灣已經實施過兩次，調查內涵與前兩次大同小異，應頗駕輕就熟〔註50〕，調查結果可與日本其他殖民地相較，更

〔註43〕　〈國勢調查組織〉，《臺灣日日新報》，1918 年 2 月 17 日，2 版。
〔註44〕　牛塚虎太郎，〈國勢調查の法規に關する說明〉，頁 359。
〔註45〕　〈國勢調查官制〉，《臺灣日日新報》，1918 年 5 月 15 日，4 版。
〔註46〕　〈國勢調查役員〉，《臺灣日日新報》，1918 年 5 月 20 日，6 版。
〔註47〕　〈國勢調查施行令要項〉，《統計集誌》，451 號（1918.9），頁 459。
〔註48〕　橫山雅男，〈國勢調查の施行は時代の要求なり〉，頁 5～6。
〔註49〕　〈日本ではの初めの全国国勢調查　臺湾では珍しくない　既に三度目になる〉，《臺灣日日新報》，1920 年 2 月 26 日，2 版。
〔註50〕　〈臺灣國勢調查〉，《臺灣日日新報》，1918 年 6 月 5 日，2 版。

凸顯臺灣地區的特殊性〔註 51〕。臨時國勢調查局長高橋光威在會議中，也指出國勢調查乃是國家的中樞事業，調查結果可闡明國家之實況，正確地實施調查有助於國政的基礎，高僑光威並點名臺灣，指出雖然在殖民地實施調查比本國更爲困難，但臺灣已有兩次戶口調查的先例，此次調查必能取得良好的成績〔註 52〕。

二、調查機關與人員

臺灣國勢調查的全權機關爲「臨時國勢調查部」。其實，根據 1918 年 4 月，總督府訓令第七十七號規定，國勢調查原來是官房統計課的業務。不過，6 月官房統計課廢止時，國勢調查卻未隨之轉移至官房調查課，而是於官房另設「臨時國勢調查部」〔註 53〕。總督府以 31 萬 7,500 圓預算，1918～1923 實施的六年計畫〔註 54〕，1918 年 3 月廢止臨時臺灣戶口調查部〔註 55〕，6 月發佈「臨時國勢調查部規程」，在總督府官房內設置臨時國勢調查部，掌理國勢調查所有事項，設部長、副部長各一人，其下設庶務、調查二課，作爲業務執行單位〔註 56〕。

就各單位執行業務而言，庶務課設秘書掛和庶務掛兩掛，負責保管部長官印和部印、文書的收發和保管、會計事項、不屬於調查課的事項。調查課設倉庫掛、檢查掛、結果掛及集記掛等四掛，負責調查的計畫事項、調查的訓練及指導事項、調查的監督事項、調查材料的整理、保管及檢查事項、小票的作成及檢查事項、統計的編成及論究相關事項（參表 5-2-1　1920 年臨時國勢調查部負責業務）〔註 57〕。

〔註 51〕〈臺灣國勢調查〉，《臺灣日日新報》，1918 年 6 月 5 日，2 版。

〔註 52〕〈臨時國勢調查局長關高橋光威氏の挨拶〉，《統計集誌》，460 號（1919.6），頁 345。

〔註 53〕臺灣總督府官房臨時國勢調查部，《第一回臺灣國勢調查顛末書》（臺北：該部，1924.3），頁 12。

〔註 54〕〈臺灣國勢調查〉，《臺灣日日新報》，1918 年 3 月 21 日，2 版。

〔註 55〕〈國勢調查準備　戶口調查部は廢止〉，《臺灣日日新報》，1918 年 3 月 1 日，2 版。

〔註 56〕〈國勢調查規程〉，《臺灣日日新報》，1918 年 6 月 7 日，2 版

〔註 57〕第 6506 號文書，〈臨時國勢調查部處務規程〉，《臺灣總督府公文類纂》，15 號，第二門·文書及統計，1918 年 6 月。

表 5-2-1　1920 年臨時國勢調查部負責業務

課　別	庶務課	調查課
業務內容	保管部長的官印和部印文書的收發和保管 會計事項 不屬於調查課的事項	調查的計畫事項 調查的訓練及指導事項 調查的監督事項 調查材料的整理 保管及檢查事項 小票的作成及檢查事項 統計的編成及論究相關事項

資料來源：第 6506 號文書，〈臨時國勢調查部處務規程〉，《臺灣總督府公文類纂》，15 號，第二門・文書及統計，1918 年 6 月。

　　就臨時國勢調查部職員的任免而言，該部運作長達六年，職員更動頻繁，1918 年 6 月正式運作時，初任部長為總務長官下村宏，副部長為參事官楠正秋，主事共任命四人，分別是：參事官片山秀太郎、警視川淵洽馬、事務官水越幸一、統計官福田眞鷹。水越幸一和福田眞鷹也分別兼任調查課長和庶務課長〔註58〕。

　　其後職員雖有變更，但大抵遵循一定法則，部長為總務長官、副部長為總督府高等官兼任，主事則多為警察部門、官房調查課、內務局等單位長官。尤其是來自警察部門的職員所佔比例甚重，可見臺灣國勢調查與警察行政結合之特色（參表 5-2-2　1920 年臨時臺灣國勢調查部職員的任免）。

表 5-2-2　1920 年臨時國勢調查部職員的任免

在職時間	職　稱	姓　名	原單位
1918.6～1920.7	部長	下村宏	總務長官
1918.6～1920.9	副部長	楠正秋	參事官、地方部長
1918.6～1919.11	主事	片山秀太郎	參事官、參事官室
1918.6～1919.8	主事	川淵洽馬	警視、警察本署
1918.6～1919.11	主事兼調查課長	水越幸一	事務官、地方部
1918.6～1919.12	主事兼庶務課長	福田眞鷹	統計官、官房調查課
1919.11～1920.5	主事兼調查課長	鎌田正威	參事官、官房調查課長

〔註58〕臺灣總督府官房臨時國勢調查部，《第一回臺灣國勢調查顛末書》，頁 277。

1920.3	主事兼庶務課長	堤一馬	統計官、官房調查課
1920.5	主事	草野義一	警視、警務局
1920.7～1922.4	副部長	川崎卓吉	內務局長
1920.9	主事	豐田勝藏	事務官、警務局
1920.9～1921.10	主事	川崎末五郎	事務官、警務局
1920.5	主事兼調查課長	東鄉實	技師、殖產局
1920.7	部長	賀來佐賀太郎	總務長官
1922.4	副部長	相賀照鄉	警務局長

資料來源：臺灣總督府官房臨時國勢調查部，《第一回臺灣國勢調查顛末書》（臺北：
　　　　　該部，1924.3），頁 227～286。

二、調查內容與方法

（一）調查內容

　　由於臺灣已有調查經驗，雖然總督府決定蕭規曹隨，沿襲前兩次的實施方
法，但鑑於局勢有別於以往，因此仍派遣官員至東京，取得各殖民地間統一調查
事項，以及新的調查注意事項〔註59〕。1919 年 2 月，內閣統計局召開國勢調查
委員會，召集各府州縣長官和殖民地主事者參加，總督府亦派遣統計官福田眞鷹
和屬堤一馬前往，於會議中協調臺灣特殊調查的內容，經與拓殖局商討之後，調
查方針和範圍有了調整，向來不調查的陸海軍部隊列入受調範圍〔註60〕。

　　這次調查內容頗經過安排。調查在帝國版圖實施，臺灣、朝鮮、樺太等，
日本的殖民地或新領土也在受調範圍，不過個殖民地與日本本土風俗民情頗
具差異性，因此各地皆有特殊的追加調查事項〔註61〕。就臺灣而言，雖可沿
襲舊例，但須與日本和其他殖民地配合，才能看出特殊性，又須與前兩次調
查相較，才能看出十五年間社會的變遷，因此需考量處又較其他殖民地多。

　　以下就全版圖調查內容的比較，與前兩次調查內容的比較兩點，分析臺
灣這次的實施內容：

1. 帝國全版圖調查內容的比較

　　國勢調查是評估一國人口整體狀態的調查，須有共通調查事項，才能
看出各地的差異性。1918 年 10 月，內閣發佈「國勢調查施行令」，第二條

〔註59〕臺灣總督府官房臨時國勢調查部，《第一回臺灣國勢調查顛末書》，頁 27。
〔註60〕〈國勢調查〉，《臺灣日日新報》，1919 年 2 月 7 日，7 版。
〔註61〕〈國勢調查施行令要項〉，《統計集誌》，451 號（1918.7），頁 459～460。

中，明訂一般調查事項為：姓名、家族關係、性別、出生年月日、配偶關係、職業及職業上的地位、出生地、民籍或國籍別等，此為帝國共通的調查事項〔註62〕。

「國勢調查施行令」第二十三條中，規定除必要調查事項外，各殖民地得視各殖民地長官的需要，制訂其調查項目〔註63〕。1919年6月，臨時國勢調查局召集地方內務部長和統計主任進行會議，除了日本各地方官員，朝鮮總督府、臺灣總督府等殖民地官員皆列席其中，臺灣總督府派統計官福田真鷹和屬堤一馬出席〔註64〕。經過各殖民地長官商訂後，列出各地的特殊調查事項。

朝鮮特有的調查事項為：讀寫程度（限朝鮮人）、國語（日語）理解程度（限朝鮮人）〔註65〕。樺太地區特有的調查事項則為：本籍地（限日本人）、渡來時間（限日本人）、種族（限當地人）、讀寫程度（限當地人）、國語理解程度（限當地人）。

臺灣方面，1919年10月，總督府以府令第一二五號，公佈「國勢調查施行規則」，指出本島人的特殊調查事項為：種族、不具、瞭解土語的日本、瞭解日語的本島人和清國人、本島人和清國人的假名讀寫程度、本島人和清國人的鴉片吸食者、本島人和清國人的纏足者、內地人的本籍、內地人的渡臺時間、短暫停留者的居留地等10項（參表5-2-3　1920年國勢調查實施的內容）〔註66〕。

表5-2-3　1920年國勢調查實施的內容

帝國共通事項	臺灣特殊事項	朝鮮特殊事項	樺太特殊事項
姓名 家族地位 性別	種族 殘疾的種類（聾啞、盲、白癡及瘋癲）	讀寫程度（限朝鮮人） 國語（日語）理	本籍地（限日本人） 渡來時間（限日本人） 種族（限當地人）

〔註62〕　水越幸一，〈國勢調查施行に就て〉，《臺灣時報》，一月號（1920.1），頁45。
〔註63〕　濱田富吉，〈國勢調查の施行に關する內地及殖民地間の比較〉，頁408。
〔註64〕　〈國勢調查事務協議會の狀況〉，《統計集誌》，460號（1919.6），頁343～344。
〔註65〕　朝鮮雖然當時規劃了實施調查，不過，鑑於朝鮮成為日本的領土不久，尚未開發的地方甚多，加上抗日事件頻傳，因此於1920年5月27日的特別議會中，決議中止朝鮮國勢的調查。〈國勢調查に朝鮮は除外〉，《臺灣日日新報》，1920年5月29日，2版。
〔註66〕　〈臺灣國勢調查施行規則〉，《臺灣總督府府報》，1942號，1919年10月，頁13。

出生年月日 配偶關係 職業及職業上的 地位 出生地 民籍或國籍別	瞭解土語者（限內地人） 瞭解國語者（限本島和清國人） 讀寫程度（限本島人和清國人） 阿片吸食者（限本島人和清國人） 纏足者（限本島人和清國人） 本籍（限內地人） 渡臺時間（限內地人） 常住地（限短暫停留者）	解程度（朝鮮人）	讀寫程度（限當地人） 國語理解程度（限當地人）

資料來源：〈國勢調查施行令要項〉，《統計集誌》，451 號（1918.7）；濱田富吉，〈國
　　　　　勢調查の施行に關する內地及殖民地間の比較〉，頁 409；〈臺灣國勢調查
　　　　　施行規則〉，《臺灣總督府府報》，1942 號，頁 13。

　　由以上可知，1920 年國勢調查共通的調查事項，爲國際統計會議協商的
人口調查內容，而因應殖民地的特殊性，臺灣、朝鮮、樺太等地，也各自因
地制宜制訂了特殊調查事項。從表格中可見，臺灣的特殊調查事項較其他二
地多，主因是爲承襲之前的調查項目，將調查結果作比較，以求發揮較高的
統計效果〔註67〕。

2. 與前兩次調查的比較

　　就與前兩次調查的比較而言，調查內容原則上相同，但仍有些微的變化。
取消常用語、常用語以外的語言，內地人、清國人、外國人以外的書寫程度
的調查；增加理解土語的內地人、理解國語的本島人和清國人、內地人以外
本邦人的民籍、本島人和外國人的出生地、兵役兵種及階級的調查〔註68〕。

　　就細部調查項目而言，不在者的種族和職業調查必須附帶兵役、兵種
調查；其次，原僅限於內地人填寫的出生地，改以全民均須受調的種族別；
其三，日本人的本籍或外國人的原籍之外，本島人和朝鮮人民亦在受調之
列〔註69〕；其四，原本是所有族群的常用語和副用語調查，改爲本島人和

〔註67〕濱田富吉，〈國勢調查の施行に關する內地及殖民地間の比較〉，《統計集誌》，
　　　　462 號（1919.8），頁 409～410。
〔註68〕〈台灣總督府殖產局長川崎卓吉外十五名金銀杯下賜ノ件〉，《公文雜纂》，大
　　　　正十二年·第二卷·內閣一·賞勳局，1923 年 3 月。
〔註69〕〈國勢調查の注意〉，《臺灣日日新報》，1920 年 5 月 29 日，2 版。

中國人的國語調查；其五，原本是所有族群的讀寫程度調查，改為本島人和中國人的讀寫程度調查（參表 5-2-4　兩回臨時臺灣戶口調查與國勢調查內容之比較）〔註70〕。

表 5-2-4　兩回臨時臺灣戶口調查與國勢調查內容之比較

相同點	兩回臨時戶口調查有 國勢調查無	兩回臨時戶口調查無 國勢調查有
姓名	常用語	理解土語的內地人
家族的地位		
種族	常用以外的語言	理解日語的本島人和清國人
性別		
出生年月日	內地人和清國人以外的	
配偶	外國人的假名書寫程度	內地人以外本邦人的民籍
本業名		
本業的地位		
副業名		日本人以外的本邦人和外國
副業的地位		人的出生地
不具的種類		
不具的原因		非現役軍人的兵役、兵種及
本島人或清國人的讀寫程度		階級
鴉片吸食者		不在者的種族
纏足者		
內地人的出生地		
內地人的本籍		
外國人的國籍		
內地人的渡臺時間		
暫時居留者的居住地		
戶主住家的狀況		

資料來源：〈台灣総督府殖産局長川崎卓吉外十五名金銀杯下賜ノ件〉，《公文雑纂》，
　　　　　大正十二年・第二卷・內閣一・賞勳局，1923 年 3 月。

〔註70〕　〈國勢調查と一般の心得　國民として國家に對する義務を知るを要す〉，
　　　　　《臺灣日日新報》，1920 年 5 月 29 日，2 版。

　　由上表可知，調查事項可歸納為七類：一、婚姻狀態：包括結婚、離婚或未婚等情形；二、職業狀態：包括本業或副業等情形；三、職業地位：為雇主或雇員等；四、出生地：來自哪一府縣或殖民地；五、不具：包括原因和種類等情形；六、語言能力：包括日語的聽、說等，或是具何種其他語言能力；七、渡臺時間：為內地人限定項目，包括首次渡臺時間和第二次渡臺時間等〔註71〕。

　　總之，臺灣的國勢調查因應特殊性，調查內容與母國及其他殖民地不同。而由於臺灣早已有兩次調查經驗，且1905至1920年間，臺灣社會變化許多，也使調查內容有所變化。

（二）調查方法

　　就調查方法而言，此次有承襲自前兩次的調查方法，也有突破性的創舉。承襲點來說，第一：繼續使用他計主義。雖然日本採取自計主義，但臺灣仍然繼續採用他計主義，由調查委員詢問民眾調查事項之後，予以記入〔註72〕。

　　第二：利用戶口調查副簿作為調查依據。1919年12月，全臺各廳警務課長會議在總督府召開，警務局長於會議中明確指出，此次調查和前兩次調查相同，以警察的戶口調查簿為調查根據，明確宣示統一戶口調查副簿和主簿的方針〔註73〕。並於1920年4月，著手進行戶口調查簿和戶口調查副簿的整理和對照作業，確認戶口調查副簿中的追加事項，將因應國勢調查所追加的調查事項，以附簽貼在戶口調查副簿上方，內容為：配偶關係、讀寫程度、本業名稱、副業名稱、兵役兵種、職稱、出生地、不具原因、可聽可說日語的本島人或中國人、可聽可說土語的內地人、內地人渡臺時間、戶主住家狀態等（參圖5-2-1　1920年4月戶口調查副簿的追加調查附簽）〔註74〕。

〔註71〕〈國勢調查と一般の心得　國民として國家に對する義務を知るを要す〉，《臺灣日日新報》。

〔註72〕鎌田正威，〈第一回國勢調查の臺灣に於ける概況〉，《臺灣時報》，十二月號（1920.12），頁45。

〔註73〕〈台湾総督府殖産局長川崎卓吉外十五名金銀杯下賜ノ件〉，《公文雜纂》，大正十二年・第二卷・內閣一・賞勳局，1923年3月。

〔註74〕第3018號文書，〈國勢調查準備ノ為メ戶口調查副簿ニ調查事項追加記入ノ件〉，《臺灣總督府公文類纂》，3號，第三門・警察，1920年4月。

圖 5-2-1　1920 年 4 月戶口調查副簿的追加調查附簽

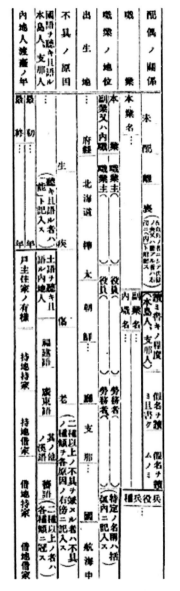

資料來源：臺灣總督府官房臨時國勢調查部，《第一
　　　　　回臺灣國勢調查顛末書》（臺北：該部，
　　　　　1924.3），頁 30。

　　1920 年 5 月 25 日起，爲使國勢調查順利進行，總督府連續三天召開戶口
主務會議，會中達成戶口調查副簿附簽貼附方式、記入要點、職業認定等，
實施作法的共識〔註 75〕，以及戶口調查副簿中必須追加登記的項目〔註 76〕。

〔註 75〕　第 3018 號文書，〈國勢調查準備ニ關スル戶口主務會議ノ件〉，《臺灣總督府
　　　　　公文類纂》，4 號，第三門・警察，1920 年；〈國勢調查準備〉，《臺灣日日新
　　　　　報》，1920 年 5 月 21 日，2 版。

值得注意的是，此次戶口調查副簿的追加事項中，殖民當局特別關切職業和兵役、兵種兩類。職業需具體載明職業的形態、種類及性質，例如：農林魚牧礦業等行業，各有其調查項目，農業需載明農作、開墾、植木、畜牧或養蠶，以及為自作、小作、自作兼小作等類別，工業則分為窯業、金屬工業、機械器具製造、化學工業等十二類，商業則需載明販賣品的種類和性質，其他如：製造業、運輸業、文官、軍人、日薪苦力等行業，也各有其登記規範。就兵役兵種來說，兵役分為現役（包含待命、休職、停職及歸休）和現役以外的軍人兩類，並分別依照陸軍和海軍兵種填寫，填寫內容也各不相同〔註77〕。

第三：在調查區中設監督區。就日本的情形來說，調查委員只需要將調查區內申告書用紙發給民眾，完成申告書的蒐集，受府縣知事認定即可。但臺灣則分為調查區和監督區兩種，由廳長擔任委員長，指揮調查的進行，並負有對總督報告之責。

調查區為警察官吏派出所，或與其相當的廳直轄、支廳直轄區域，約百戶標準為範圍，五個普通調查區設一個監督區。調查區原則上設定為警察官吏派出所轄區，約百戶的範圍，但港灣湖泊或河川地因戶數不足，則便宜調整設定。一般調查區以五個調查區為一個監督區。此外，還設有特別調查區，即陸海軍的部隊、艦船、監獄、官吏醫院及領事館等單位，必須依照規定提出申告〔註78〕。

第四：持續對住民進行宣傳。為避免發生前兩次調查時，遭到反彈的情形，臨時國勢調查部展開對臺灣住民宣傳，陳述國勢調查的趣旨〔註79〕。1920年6月17日，是日本在臺灣始政25週年紀念日，警察飛行班為慶祝始政紀念日，並宣傳國勢調查，特別在當天，利用飛機空中散發國勢調查的宣傳單，還因為風勢過於強勁，僅散發一萬張，剩餘一萬張，留至7月4日，天氣好轉時才發放。宣傳單長6寸5分，寬5寸，上面寫著：奉祝始政第二十五回紀念。十月一日即將實施的國勢調查，是國政上極重要的事業，請誠實的回答調查委員的提問〔註80〕。

〔註76〕鎌田正威，〈第一回國勢調查の臺灣に於ける概況〉，頁45。
〔註77〕臺灣總督府官房臨時國勢調查部，《第一回臺灣國勢調查顛末書》，頁30～35。
〔註78〕鎌田正威，〈第一回國勢調查の臺灣に於ける概況〉，頁44。
〔註79〕〈國勢調查宣傳〉，《臺灣日日新報》，7285號，1920年8月30日，2版。
〔註80〕臺灣總督府官房臨時國勢調查部，《第一回臺灣國勢調查顛末書》，頁141～142。

　　而爲了喚起民眾的注意，臨時國勢調查部還特別印製宣傳書，張貼在停車場、市場等本島人聚集處，並且發送小派報給各民宅〔註81〕。《臺灣日日新報》更是幾乎每日密集刊登國勢調查注意事項，若干重要官員發表文章，陳述這次調查的重要性。例如：總務長官下村宏指出，國勢調查爲帝國空前之大事業，雖臺灣已有兩次調查經驗，但此次爲帝國一起施調，因此重要性甚於以往〔註82〕。臨時國勢調查部副部長川崎末五郎則指出，臺灣此次調查乃是與日本同步實施，關係到整個帝國的調查結果，臺灣此次若是無法實施調查，則代表整個帝國的失敗，藉此提醒調查委員莫輕忽自己的責任〔註83〕。

　　就創新的部分來說，則是調查票樣式的改變。前兩回調查實施時，總督府採取各國慣例，使用所帶票和單名票兩種調查票，前者以家族爲單位，後者以個人爲單位。向民眾調查詢問時，以世帶票爲依據，調查完成後，再聘請寫字生，根據所帶票內容轉謄寫成單名票，如此不僅浪費許多人力，也浪費許多時間和費用，尤其最怕轉寫時發生脫漏，降低調查結果的信度〔註84〕。

　　此次調查採用世帶票和單名票併合的方式，將一頁世帶票和七頁單名票結合成一大張世帶調查書，在調查時一併填寫家族和個人資訊，等調查完畢，檢查事務結束之後，在統整事務開始前截斷，避免轉寫脫漏的困擾（參圖 5-2-2　1920 年國勢調查世帶調查書樣式；表 5-2-5　國勢調查方法的比較）〔註85〕。

〔註81〕〈民眾注意書〉，《臺灣日日新報》，1920 年 9 月 16 日，1 版。

〔註82〕〈國勢調查に対する注意〉，《臺灣日日新報》，1920 年 9 月 8 日，3 版。

〔註83〕〈川崎國勢調查副部長の演說〉，《臺灣日日新報》，1920 年 9 月 22 日，3 版。

〔註84〕臺灣總督府官房臨時國勢調查部，《第一回臺灣國勢調查顛末書》，頁 5。

〔註85〕鎌田正威，〈第一回國勢調查の臺灣に於ける概況〉，頁 48。

圖 5-2-2　1920 年國勢調查世帶調查書樣式

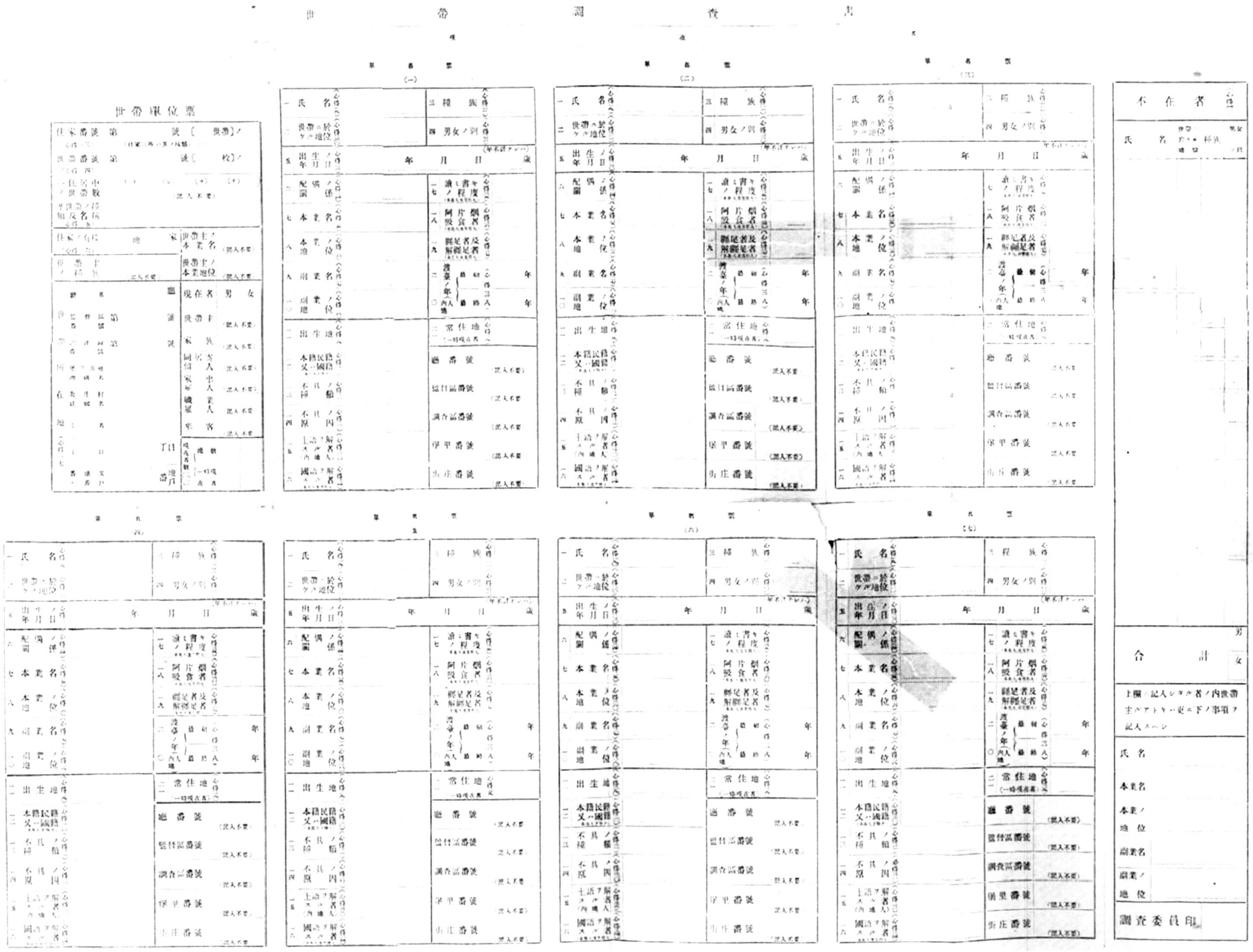
世帶調查書

世帶單位票

住家番號 第 號

世帶番號 第 號

住家ノ在ル地

世帶主ノ氏名

世帶主ノ本業名

世帶主ノ本業地位

現在者 男 女

世帶主

家族

同居人

雇人

來客

一 氏名

二 世帶ニ於ケル地位

三 種族

四 男女ノ別

五 出生ノ年月日　年　月　日

六 配偶ノ關係

七 本業名

八 本業ノ地位

九 副業名

一〇 副業ノ地位

一一 出生地

一二 本籍民籍又ハ國籍

一三 不具ノ種類

一四 不具ノ原因

一五 土語ヲ解スル內地人

一六 國語ヲ解スル者

一七 讀ミ書キノ程度

一八 阿片煙吸食者

一九 纏足者及解纏足者

二〇 渡臺ノ年

二一 內地人ノ渡臺ノ年

二二 常住地

總番號

監督區番號

調查區番號

保甲番號

街庄番號

不在者

合計 男 女

調查委員印

資料來源：臺灣總督府官房臨時國勢調查部，《第一回臺灣國勢調查顛末書》（臺北：該部，1924），內折頁。

表 5-2-5　國勢調查方法的比較

	前兩次的臺灣戶口調查	臺灣國勢調查	日本國勢調查
記入方式	他計主義	他計主義	自計主義
調查依據	第一次爲戶口調查簿；第二次爲戶口調查副簿	戶口調查副簿	戶籍簿
調查區劃	設調查區和監督區	設調查區和監督區	僅設調查區
對民眾宣傳	有	有	有
調查票的設計	世帶票	世帶票和個人票兩種	世帶票

資料來源：鐮田正威，〈第一回國勢調查の臺灣に於ける概況〉，《臺灣時報》，十二月號（1920.12）。

　　不過，雖然事前已萬全準備，調查來臨前仍有突發狀況。1919 年 11 月，日本結束臺灣武官總督統治時期，改派文官擔任總督，第一任文官總督田健治郎到任後，高唱「日臺一體」、「日臺共學」、「內地延長主義」等口號，宣稱要在臺灣實施地方自治。並於 1920 年 7 月，宣布實施行政制度變革，公告「臺灣州制」、「臺灣市制」、「臺灣街庄制」等制度。1920 年 10 月，在全臺設置五州三廳，州下設郡、市，郡下設街、庄〔註 86〕。由於地方區域劃分，牽涉到調查區和監督區的規劃，此項重大變革，對國勢調查造成影響。

　　爲此，7 月 31 日，臨時國勢調查部長通令各地方廳長，各調查區調查委員、監督委員及監督補助委員等，任務持續至 8 月底。俟 10 月，地方行政新制施行之後，將「國勢調查施行令」中的廳、支廳、廳長等舊的行政區域名稱，改爲新制的州、郡市、州知事等新的名稱，調查票中舊行政區劃也以新行政區劃取代〔註 87〕。而官制改正的變換期，地方職員大幅變動，造成調查訓練的困難〔註 88〕，臨時國勢調查部也製作新舊地名對照，發送臺灣各地以爲因應〔註 89〕。下村宏認爲，地方制度改正使行政區重劃，導致此次調查區域與前兩次調查區域有所不同，影響國勢調查結果的參考值，造成實施調查

〔註86〕李筱峰，〈臺灣地方改制〉，《臺灣史一百件大事》，上，戰前篇（臺北：玉山社，1999），頁 132。
〔註87〕鐮田正威，〈第一回國勢調查の臺灣に於ける概況〉，頁 46。
〔註88〕〈台湾総督府殖産局長川崎卓吉外十五名金銀杯下賜ノ件〉，《公文雜纂》，大正十二年・第二卷・内閣一・賞勳局，1923 年 3 月。
〔註89〕〈國勢調查彙報〉，《臺灣日日新報》，1920 年 9 月 15 日，2 版。

的困難度，因此，希望官員能更認眞執行此次調查，希望成爲下次調查具公信力的參考〔註90〕。

（三）對軍人的特殊調查

1920 年臺灣國勢調查最大的特殊點，爲增加了陸海軍的特別國勢調查，並因應增設軍區爲特別調查區。前兩次調查特別調查區僅爲醫院、監獄及領事館，這次增加了對陸海軍的部隊、艦船及軍衙的調查。不過，這並非僅止於臺灣，根據 1919 年 5 月發佈的閣令第六號「國勢調查施行細則」，除一般調查區之外，宮城、離宮、皇族的殿邸，外國大使館、公使館及軍艦，陸海軍的部隊及艦船，以及司法大臣管理的監獄等，可設特別調查區，由特定人員擔任調查者〔註91〕。

對海陸軍的特別調查包含日本帝國全體，臺灣方面，陸軍應接受調查者包括臺灣軍司令部、臺灣軍兵器部及臺灣第一守備隊司令部等，50 個軍隊官衙〔註92〕。海軍應接受調查者包括馬公防備隊、馬公海軍無線電信所及鳳山海軍無線電信所等三個軍隊官衙〔註93〕。調查的範圍爲兵營（包含部隊，以下同）內、兵營外及官衙三地。調查時間與普通調查區相同，爲 1920 年 10 月 1 日。調查內容爲：現役軍人及其眷屬姓名、家族地位、性別、出生年月日、配偶、職業、出生地、種族、是否理解土語、本籍、渡臺時間、常住地等十二項〔註94〕。

兵營內的受調者爲：在兵營內的居住者；住在兵營附近的民宅，但調查當時在兵營內者。兵營外的受調者爲：住在兵營附近的民宅者；住在兵營內，但當時在兵營外者。官衙的受調者爲：軍人的眷屬，其他家族的成員。由臺灣軍司令擔任調查總指揮，以各官衙或中隊作爲一個調查區，部隊長負責調查，選取具將校資格者擔任監督委員，下士判任文官中擔任調查委員〔註95〕。

〔註90〕 〈國勢調查と地方制度の變遷〉，《臺灣日日新報》，1920 年 9 月 21 日，4 版。
〔註91〕 〈國勢調查施行細則〉，轉引自臺灣總督府官房臨時國勢調查部，《第一回臺灣國勢調查顚末書》，頁 107。
〔註92〕 〈陸軍ノ部隊艦船及軍衙ノ國勢調查ニ關スル件〉，轉引自臺灣總督府官房臨時國勢調查部，《第一回臺灣國勢調查顚末書》，頁 108～110。
〔註93〕 〈海軍ノ部隊艦船及軍衙ノ國勢調查ニ關スル件〉，轉引自臺灣總督府官房臨時國勢調查部，《第一回臺灣國勢調查顚末書》，頁 121～123。
〔註94〕 〈臺灣軍國勢調查規程〉，轉引自臺灣總督府官房臨時國勢調查部，《第一回臺灣國勢調查顚末書》，頁 114。
〔註95〕 〈陸軍ノ部隊艦船及軍衙ノ國勢調查ニ關スル件〉，轉引自臺灣總督府官房臨時國勢調查部，《第一回臺灣國勢調查顚末書》，頁 108～110。

　　總之，陸海軍的國勢調查爲此次調查新增的項目，爲此，臨時國勢調查部還特別制訂專屬的調查章程以爲因應。陸海軍爲特殊調查區，不以一般的警察擔任調查員，而是從軍隊中的下士中選任，調查總指揮也不是總務長官，而是臺灣軍司令，調查結果不對外公開，可說完全置於一個特殊的調查異域。此項特殊的類軍事調查，多少可嗅出日本政局面對國際局勢的變化，預先實施軍事整備的意味。

四、調查報告中之臺灣社會

　　1920 年 10 月 1 日晚間，臺灣全島全數調查完畢〔註 96〕。10 月 14 日起，臨時國勢調查部著手檢查調查票工作，訂正錯誤之處，截斷世帶調查書，並製作成個人票及世帶票，至 1921 年 8 月，完成單名票和世帶票的截斷〔註 97〕。之後，展開製作統計表、製作統計概覽表、職業名字彙，以及調查顛末等工作〔註 98〕。

　　並且依照慣例，自 1921 年 9 月起，出刊《第一回國勢調查住居、世帶及人口》、《第一回臺灣國勢調查職業名字彙》、《第一回臺灣國勢調查要覽表》、《第一回國勢調查集計原表全島之部》、《第一回國勢調查集計原表州廳之部》、《第一回國勢調查記述報文附結果表》、《第一回國勢調查顛末書》等調查報告書〔註 99〕。與前兩次不同的是，這次調查多了現役軍人及現役以外軍人（特命、休職、停職及歸休），兵役、兵種及階級的特殊調查，由此特別編纂了《在鄉軍人關係表》，不過基於機密情報之故，調查結果並未公開〔註 100〕。

　　1923 年 10 月，臨時國勢調查部發行《第一回國勢調查記述報文》，根據統計事實，依序介紹當時臺灣人口的自然現象和社會現象，這次記述報文的特色，爲增加與前兩次調查數據的比較，凸顯 1920 年時，臺灣人口的特色及變化。調查結果顯示，1920 年時，臺灣地區總人口數爲 365 萬 5,308人，以總面積 2,332 平方公里計算，一平方公里爲 1,567 人。1905 年時，臺灣的總人口數爲 303 萬 9,751 人；1915 年時，總人口數爲 347 萬 9,922 人。

〔註 96〕鐮田正成，〈第一回國勢調查の臺灣に於ける概況〉，頁 47。
〔註 97〕〈國勢調查の事務進行〉，《臺灣時報》，九月號（1921.9），頁 72～73。
〔註 98〕鐮田正成，〈第一回國勢調查の臺灣に於ける概況〉，頁 48。
〔註 99〕臺灣總督府官房臨時國勢調查部，《第一回臺灣國勢調查顛末書》，頁 19～20。
〔註 100〕臺灣總督府官房臨時國勢調查部，《第一回臺灣國勢調查顛末書》，頁 20。

由此可見，十五年間，臺灣總人口數增加 61 萬 5,557 人，平均每年增加 4 萬 1,000 人﹝註 101﹞。

種族別的調查結果而言：臺灣住民可分為內地人、本島人、朝鮮人及外國人四種。本島人又分為福建人、廣東人、其他種族的漢人、平埔族及高山族。1920 年時，在臺灣的內地人有 16 萬 4,266 人，本島人有 346 萬 6,507 人，其中福建人為 285 萬 1,353 人，廣東人為 51 萬 9,770 人，其他種族的漢人合計 235 人，平埔族佔 4 萬 8,894 人，生蕃人佔 4 萬 6,255 人；朝鮮人有 69 人；外國人有 2 萬 4,466 人。

而 1905 年時，內地人為 5 萬 7,335 人，本島人為 297 萬 3,280 人，朝鮮人 0 人，外國人 9,136 人。1915 年時，內地人為 13 萬 5,401 人，本島人為 332 萬 5,755 人，朝鮮人 6 人，外國人為 1 萬 8,760 人。由此可見，十五年間，內地人增加 10 萬 6,931 人，本島人增加 49 萬 3,227 人，朝鮮人增加 69 人，外國人增加 1 萬 5,330 人﹝註 102﹞。

性別的調查結果而言：1920 年時，臺灣男性總數為 189 萬 3,541 人；女性總數為 176 萬 1,767 人。其中在臺灣的內地人男性有 9 萬 2,576 人，女性有 7 萬 1,690 人；本島人男性有 178 萬 1,636 人，本島人女性有 168,4871 人。1905 年時，本島人男性總數為 161 萬 0,816 人；女性總數為 142 萬 8,935 人。其中在臺灣的內地人男性有 3 萬 4,624 人，女性有 2 萬 2,711 人；本島人男性有 156 萬 7,548 人，本島人女性有 140 萬 5,732 人。1915 年時，本島男性總數為 181 萬 3,053 人；女性總數為 166 萬 6,869 人。其中在臺灣的內地人男性有 7 萬 5,737 人，女性有 5 萬 9,664 人；本島人男性有 172 萬 1,560 人，本島人女性有 160 萬 4,195 人﹝註 103﹞。

配偶關係的調查結果而言：配偶關係分為有配偶者、未婚者、死別者（亦即配偶死亡）、離婚者四種。1920 年時，有配偶者 134 萬 1,993 人、未婚者 198 萬 4,796 人、死別者 30 萬 749 人、離婚者 2 萬 7,770 人。1905 年時，有配偶者 121 萬 7,638 人、未婚者 151 萬 0,674 人、死別者 28 萬 9,075 人、離婚者 2

﹝註 101﹞ 臺灣總督府官房臨時國勢調查部，《第一回臺灣國勢調查記述報文》（臺北：該部，1923.10），頁 31。

﹝註 102﹞ 臺灣總督府官房臨時國勢調查部，《第一回臺灣國勢調查記述報文》，頁 46～49。

﹝註 103﹞ 臺灣總督府官房臨時國勢調查部，《第一回臺灣國勢調查記述報文》，頁 53～56。

萬 2,358 人。1915 年時，有配偶者 130 萬 3,665 人、未婚者 186 萬 1,610 人、死別者 29 萬 962 人、離婚者 2 萬 3,685 人。顯示十五年間，臺灣住民的配偶關係，有配偶者增加 12 萬 4,355 人；未婚者增加 47 萬 4,122 人；死別者增加 1 萬 1,674 人；離婚者增加 5,412 人〔註 104〕。

　　就不具的調查結果而言：1920 年時，臺灣住民不具總人口為 3 萬 1,103 人，分別為盲者 2 萬 2,209 人，聾啞者 6,041 人，白癡者 1,681 人，瘋癲者 1,172 人。1905 年時，臺灣地區不具總人口數為 2 萬 2,826 人，眼盲者 1 萬 5,675 人，聾啞者 4,077 人，白癡者 2,069 人，瘋癲者 1,007 人。1915 年時，臺灣不具總人口數為 2 萬 6,724 人，盲者為 1 萬 9,110 人，聾啞者 5,006 人，白癡者 1,651 人，瘋癲者 957 人。由此顯示，十五年間，臺灣地區不具總人口數增加 8,275 人，盲者增加 6,534 人，聾啞增加 1,964 人，白癡增加 388 人，瘋癲增加 165 人〔註 105〕。

　　就瞭解土語的內地人調查結果而言：包含福建語、廣東語、不屬於以上兩者的漢語言、以及蕃語等四種，只要能聽和說某項土語，並流利的利用於日常生活無礙者，即可算瞭解該項土語。調查顯示，1920 年時，瞭解土語的內地人總數是 1 萬 7,273 人，其中瞭解一種的有 1 萬 6,343 人，瞭解兩種的有 909 人，瞭解三種的有 21 人。

　　1905 年時，瞭解土語的內地人總數是 6,829 人，其中瞭解一種的有 6,605 人，瞭解兩種的有 222 人，瞭解三種的有 2 人。1915 年時，瞭解土語的內地人總數是 1 萬 6,591 人，其中瞭解一種的有 1 萬 6,111 人，瞭解兩種的有 461 人，瞭解三種的有 19 人〔註 106〕。顯示十五年間，瞭解土語的內地人總數增加 1 萬 444 人，其中瞭解一種的增加 9,738 人，瞭解兩種的增加 687 人，瞭解三種的增加 19 人〔註 107〕。

　　就瞭解日語的本島人和清國人調查結果而言：調查標準與對內地人的土語調查相同，只要能聽和說日語，並流利的使用於日常生活無礙者，即可算

〔註 104〕臺灣總督府官房臨時國勢調查部，《第一回臺灣國勢調查記述報文》，頁 91～93。

〔註 105〕臺灣總督府官房臨時國勢調查部，《第一回臺灣國勢調查記述報文》，頁 255～257。

〔註 106〕臺灣總督府官房臨時國勢調查部，《第一回臺灣國勢調查記述報文》，頁 341～343。

〔註 107〕臺灣總督府官房臨時國勢調查部，《第一回臺灣國勢調查記述報文》，頁 341～343。

瞭解日語。1920 年時，本島人瞭解國語的人數爲 9 萬 9,065 人，佔本島人總人口數的 2.9%，清國人瞭解日語的人數爲 725 人，佔清國人總人口數的 3%，合計總人數爲 9 萬 7,790 人，佔本島人和清國人總人口數 2.9%。相較於前兩次調查，瞭解日語的清國人數不明，但 1905 年時，瞭解日語的本島人僅 1 萬 1 千餘人，佔總人口數 0.4%；1915 年時，瞭解日語的本島人爲 5 萬 4 千餘人，佔總人口數 1.6%，顯示十五年間，瞭解日語的本島人總數呈現緩慢的提升之趨勢〔註 108〕。

就知道日文假名的本島人調查結果而言：1920 年時，本島人知道日文假名的總人數爲 13 萬 4,956 人，其中，能讀且能寫者爲 11 萬 5,305 人，只能讀者爲 1 萬 9,651 人。1905 年時，本島人知道日文假名的總人數爲 3 萬 655 人，其中，能讀且能寫者爲 2 萬 7,202 人，只能讀者爲 3,453 人。1915 年時，本島人知道日文假名的總人數爲 7 萬 6,851 人，其中，能讀且能寫者爲 7 萬 1,579 人，只能讀者爲 5,272 人。顯示十五年間，本島人知道日文假名的總人數增加 10 萬 4,301 人，能讀且能寫者增加 8 萬 8,103 人，只能讀者增加 1 萬 6,198 人〔註 109〕，知道日文假名的本島人數目呈現上升的趨勢。

就鴉片煙的吸食者調查結果而言：煙片煙吸食者的調查限於 21 歲以上的清國人和本島人，但 1905 年時的調查並不特別區分 21 歲以上的清國人，無法取得可作爲比較的數據，因此僅與 1915 年相比〔註 110〕。調查結果可知，1920 年時，臺灣地區吸食鴉片總人數爲 4 萬 5,130 人，其中，本島人爲 4 萬 4,102 人，清國人爲 1,028 人。1915 年時，臺灣地區吸食鴉片總人數爲 7 萬 828 人，其中本島人 6 萬 9,578 人，清國人 1,250 人，五年間減少 2 萬 5,698 人。顯示臺灣地區鴉片吸食者呈顯著減少的趨勢〔註 111〕。

就纏足和解纏足者調查結果而言：1905 年時，臺灣女性纏足者爲 80 萬 616 人，解纏足者爲 8,694 人。1915 年時，臺灣女性纏足者爲 27 萬 9,038 人，解纏足者爲 46 萬 6,016 人。1920 年時，臺灣女性纏足者爲 20 萬 89 人，解纏

〔註 108〕 臺灣總督府官房臨時國勢調查部，《第一回臺灣國勢調查記述報文》，頁 351。
〔註 109〕 臺灣總督府官房臨時國勢調查部，《第一回臺灣國勢調查記述報文》，頁 367～368。
〔註 110〕 臺灣總督府官房臨時國勢調查部，《第一回臺灣國勢調查記述報文》，頁 385～386。
〔註 111〕 臺灣總督府官房臨時國勢調查部，《第一回臺灣國勢調查記述報文》，頁 385～386。

足者爲 41 萬 9,104 人。顯示十五年間，臺灣女性纏足者減少 60 萬 527 人，解纏足者增加 41 萬 410 人，足見臺灣女性解纏足意識的抬頭，影響女性解纏足的意願（參表 5-2-6　兩次臨時臺灣戶口調查與國勢調查結果的比較）〔註112〕。

表 5-2-6　兩次臨時臺灣戶口調查與國勢調查結果的比較（單位：人）

		第一次戶口調查（1905）	第二次戶口調查（1915）	第一次國勢調查（1920）
總人口數		303 萬 9,751	347 萬 9,922	365 萬 5,308
種族人數	內地人	5 萬 7,335	13 萬 5,401	16 萬 4,266
	本島人	297 萬 3,280	332 萬 5,755	346 萬 6,507
	朝鮮人	0	6	69
	外國人	9,136	1 萬 8,760	2 萬 4,466
性別	男	161 萬 0,816	181 萬 3,053	189 萬 3,541
	女	142 萬 8,935	166 萬 6,869	176 萬 1,767
配偶關係	有配偶者	121 萬 7,638	130 萬 3,665	134 萬 1,993
	未婚者	151 萬 0,674	186 萬 1,610	198 萬 4,796
	死別者	28 萬 9,075	29 萬 962	30 萬 749
	離婚者	2 萬 2,358	2 萬 3,685	2 萬 7,770
不具	總人數	2 萬 2,826	2 萬 6,724	3 萬 1,103
	盲者	1 萬 5,675	1 萬 9,110	2 萬 2,209
	聾啞	4,077	5,006	6,041
	白癡	2,069	1,651	1,681
	瘋癲	1,007	957	1,172
瞭解土語的內地人	總人數	6,829	1 萬 6,591	1 萬 7,273
	瞭解一種	6,605	1 萬 6,111	1 萬 6,343
	瞭解兩種	222	461	909
	瞭解三種	2	19	21

〔註112〕臺灣總督府官房臨時國勢調查部，《第一回臺灣國勢調查記述報文》，頁 401～402。

瞭解日語的本島人和清國人		1 萬 1,000	5 萬 4,000	9 萬 7,790
知道日文假名的本島人和清國人	總人數	3 萬 655	7 萬 6,851	13 萬 4,956
	能讀且能寫者	2 萬 7,202	7 萬 1,579	11 萬 5,305
	只能讀者	3,453	5,272	1 萬 9,651
21 歲以上的鴉片煙吸食者		（調查對象不同）	7 萬 828	4 萬 5,130
纏足和解纏足者	纏足者	80 萬 616	27 萬 9,038	20 萬 89
	解纏足者	8,694	46 萬 6,016	41 萬 410

資料來源：臺灣總督府官房臨時國勢調查部，《第一回臺灣國勢調查記述報文》（臺北：
該部，1923.10）。

　　綜合以上論述，一次世界大戰之後，鑑於局勢的需求，日本重新籌備實施國勢調查，於帝國版圖內及各殖民地實施。不同於日本或其他殖民地，承繼前兩回臨時臺灣戶口調查的經驗，臺灣總督府籌備 1920 年的國勢調查頗駕輕就熟。就這次的調查內容和方針而言，與前兩次調查並無不同，從調查結果可知，十五年來的社會變化與人口穩定成長的趨勢。在此後，總督府又分別於 1925 年 10 月，1930 年 10 月，1935 年 10 月及 1940 年 10 月，實施四次國勢調查，足見觀察臺灣社會人口的變化已在日治中期形成制度。

第三節　資源調查的實施

　　一次世界大戰之後，日本軍部的力量抬頭，他們鑑戒西歐各國的戰爭經驗，認為總力戰的策略頗值得參考，因而醞釀在戰爭時期，將民需產業徹底轉變為軍需產業的想法。從軍需工業局的成立至資源局的誕生，軍部逐步地實現其調查帝國資源的計畫，成為資源調查的背景。日本的總動員事務，各殖民地關係者也牽涉其中〔註 113〕，資源局成立之後，臺灣總督府與資源局計畫事務相互聯繫，以官房調查課為主體，其他各部局則分別負責擔當所轄事務〔註 114〕。以下論述資源調查實施的背景和經緯。

〔註 113〕松田芳郎，〈日本における旧植民地統計調查制度と精度について——センサス統計の形成過程を中心として〉，頁 363～364。
〔註 114〕第 10088 號文書，〈臺灣資源調查委員會設置理由〉，《臺灣總督府公文類纂》，127 號，高等官進退原議十二月分，1936 年 12 月。

一、資源調查的背景

　　1917 年 12 月，參謀總長上原勇作建議陸軍大臣大島健一，必須盡快制訂關於軍需品管理的相關制度。在此背景下，為了在戰時能夠迅速的補給軍需工業用品，1918 年 4 月，在軍部強力主張下，發佈了「軍需工業動員法」〔註 115〕。

　　「軍需工業動員法」中，具體地規範了軍需用品的範圍，分別為：兵器、艦艇、飛機、彈藥及軍用機器物品；可供軍用的船舶、海陸聯絡輸送設備、鐵道軌道及附屬設備；可供軍用的燃料、衣物及糧秣；可供軍用的衛生材料及獸醫材料；可供軍用的通訊用物件；可供修理的材料、原料、機器、物件、設備及建築材料等。「軍需工業動員法」中並指出，戰爭期間，為使軍需品能夠順利的補給和修理，必要時，政府可徵收民間工場及其附屬設備〔註 116〕。同年 5 月，日本成立軍需局，成為軍需工業動員法的執行機關〔註 117〕。

　　早在「軍需工業動員法」立案時，案中即指出，各殖民地必須配合進行軍需工業動員，務必制訂類似的法規〔註 118〕。因此，1918 年 4 月，總督府內務局即令各地方廳針對轄區的軍事區，實施軍需工業調查，並於同年 8 月增加判任 14 名、雇員 6 名以因應新措施〔註 119〕。不過，至 1918 年 10 月，內閣又以勅令第三百六十八號，公佈臺灣、樺太、朝鮮等殖民地，必須遵守並執行「軍需工業動員法」，使臺灣的軍需工業動員，與母國同在一個法案規範下〔註 120〕。

　　1919 年 12 月，內閣又公佈「軍需調查令」，明令帝國內所有工廠、事業廠、運輸事業者，每年必須提供必要的報告事項〔註 121〕。隔年 2 月，總督府隨即跟進，發佈「軍需調查令實施手續」，說明臺灣島內各相關機構必須依照「軍需調查令」第二十七條的規定，於每年 3 月 15 日之前，提出調查所需的

〔註 115〕 第 2803 號文書，〈軍需工業動員法ノ件〉，《臺灣總督府公文類纂》，6 號，第五門・地方，1918 年 3 月。

〔註 116〕 〈軍需工業動員法〉，《臺灣總督府府報》，1673 號，1918 年 10 月，頁 40。

〔註 117〕 〈軍需局官制〉，《御署名原本》，大正七年，勅令第百七十三号，1918 年 5 月。

〔註 118〕 第 2803 號文書，〈軍需工業動員法ノ件〉，《臺灣總督府公文類纂》，6 號，第五門・地方，1918 年 3 月。

〔註 119〕 第 10511 號文書，〈資源調查ニ關スル臨時職員定員配置ノ件〉，《臺灣總督府公文類纂》，3 號，第一門・人事，1934 年。

〔註 120〕 〈軍需工業動員法施行ニ關スル件〉，《臺灣總督府府報》，1673 號，1918 年 10 月，頁 41～42。

〔註 121〕 〈軍需調查令〉，《臺灣總督府府報》，2004 號，1919 年 12 月，頁 120。

相關報告書〔註 122〕。

　　不過，軍需調查的法令並未存在太久，1920 年 5 月，為了強化軍需局的業務，使軍需工業調查更有成效，內閣決定統合軍需局和內閣統計局兩部門，統合成新的國勢院，該院分為兩部，第一部部長是前內閣統計局長牛塚虎太郎，負責統計業務；第二部部長是前軍需局長原象一郎，負責軍需工業動員業務〔註 123〕。

　　然而，1920 年代之後，日本陷入經濟不景氣中，1922 年 11 月，政府以財務問題為由，將國勢院第一部再度改回內閣統計局，並廢止國勢院第二部，軍需調查業務轉移至農商務省，調查結果報告對象由總理大臣轉至農商務大臣〔註 124〕。國勢院第二部廢止引起軍部不滿，認為此舉使總動員機關受到頓挫，1923 年 3 月，陸軍省和海軍兩省次官，聯名向農商務省次官提出「軍需調查希望書」，指出希望能繼續實施軍需工業調查，並向陸海軍提出調查結果。1925 年，原陸軍中將長岡外史和陸軍少將蟻川五郎作，也於眾議院提出「國防會議設置建議案」；原陸軍中將木越安綱等人，於貴族院提出「確立國防基礎建議案」，強烈要求儘速設置利於國防體制的執行機關。

　　在軍部的壓力下，1926 年 4 月，內閣召開「國家總動員機關設置準備委員會」，由法制局長擔任委員長，內閣統計局長、拓殖局長、內務、大藏、陸軍、海軍、農林、商工、遞信、鐵道等各省長官擔任委員，會中討論新機關成立事宜，經由委員會商議之後，1927 年 5 月，誕生了新機關資源局〔註 125〕。

　　資源局隸屬於內閣，是國家總動員計畫的執行機關，統轄帝國人和物所有資源的統制和運用，與執行總動員計畫所需之各項統計調查。然而，資源局雖是統計調查機構，權力卻非掌握在中央統計委員會，而是在陸軍省〔註 126〕，資源局長官是賞勳局總裁宇佐美勝夫，內部編制分為總務課、

〔註 122〕　〈軍需調查令施行二關スル手續〉，《臺灣總督府府報》，2312 號，1920 年 2月，頁 45。

〔註 123〕　〈国勢院官制〉，《御署名原本》，大正九年，勅令第百三十九号，1920 年 5 月。

〔註 124〕　〈国勢院官制廃止〉，《御署名原本》，大正十一年，勅令第四百六十一号，1922年 11 月。

〔註 125〕　島村史郎，《日本統計発達史》，頁 169～170。

〔註 126〕　資源局初成立之時，雖然有統計學者憂心，此舉將造成內閣統計局和各省統計事務的矛盾混雜及分散，但縱使如此，資源局仍以國勢院第二部之姿，從事國家總動員計畫的各項統計調查任務。橫山雅男，〈統計時言〉，《統計學雜誌》，481 號（1926.7），頁 290。

調查課、設施課及企劃課等四課，編制爲長官、書記官、事務官、統計官、技師、屬、統計官補、技手等職務，事務官必須具有等同陸軍佐衛官或海軍佐衛官的資格，使資源局具有濃厚的軍事性格。資源局四課中最重要的就是調查課，課長是商工省出身的植村甲五郎，課員則由內閣統計局部分職員調任，職責爲統籌各省，協力調查各種資源〔註127〕，成爲日本最重要的資源調查機關。

　　1929 年 4 月，內閣公佈「資源調查法」，決定於該年 12 月 1 日於帝國領土實施資源調查〔註128〕。不同於軍需調查對象限定於軍需品資源，資源調查法調查對象擴及民需資源，調查範圍更廣。論者指出，軍需調查是基於軍事上的必要資源所進行之調查，執行範圍不免狹隘和偏頗，爲了彌補軍需調查的不足，使政府的調查資源合理化，也爲確保國民生活安定，宜對所有資源實施正確且詳密的調查，俾對各項資源做充分的統制和運用〔註129〕。資源調查內容包括：農業、工業、礦業、水產等，生產所需原料、材料、燃料、生產品等資源，也包括人員、動力、設備、產業、通信、交通、金融等事項。

二、「臺灣資源調查令」的發佈

　　日本實施資源調查殖民地自無法置身其外，1929 年 10 月，拓務省召集各殖民地相關者，展開爲期五天的資源調查會議，會議中針對資源調查的實施方式交換意見〔註130〕，參加者爲殖民地關係者 12 人，加上拓務省、資源局代表等共計 25 人，組成協商小組。會議中對朝鮮、臺灣、樺太、關東州、南滿鐵道附屬地，以及南洋地區等殖民地，制訂了資源調查基本計畫綱要。並決議，各殖民地實施資源調查的時間，與日本本土一樣是 1929 年 12 月 1 日〔註131〕。計畫於 1932 年之前，完成第一次資源調查計畫；1935 年之前，完成第二次資源調查計畫〔註132〕。

　　1929 年 11 月，內閣以勅令第三百二十九號，發佈「資源調查令」，由內閣總理大臣統轄資源調查事宜，調查範圍包含日本本土、朝鮮、南庫頁、臺

〔註127〕　〈資源局官制〉，《御署名原本》，昭和二年，勅令第一三九号，1927 年 5 月。
〔註128〕　〈資源調查法〉，《御署名原本》，昭和四年，法律第五三号，1929 年 4 月。
〔註129〕　戶水昇，〈資源調查法に就て〉，《臺灣時報》，四月號（1930.4），頁 6。
〔註130〕　〈資源調查會議〉，《臺灣日日新報》，1929 年 10 月 15 日，2 版。
〔註131〕　〈資源調查法ヲ朝鮮、台灣及樺太二施行スルノ件〉，《御署名原本》，昭和四年，勅令第三二七号，1929 年 11 月。
〔註132〕　〈資源調查法〉，《臺灣時報》，1929 年 12 月，頁 33～34。

灣、關東州、南滿鐵道附屬地及南洋群島等地。調查機關爲各省大臣與殖民地長官，朝鮮爲朝鮮總督、臺灣爲臺灣總督、關東廳爲關東長官、樺太廳爲樺太長官、南洋諸島則爲南洋長官，各省大臣和殖民地長官可依地方特色，制訂最合適的措施〔註133〕。資源調查令公布，軍需調查令也隨之廢止〔註134〕。

「資源調查令」公佈之後，總督府著手籌備資源調查事宜〔註135〕。1929年12月1日，以府令第六十九號發佈「臺灣資源調查令」，明訂各種資源的登載方法〔註136〕，隨後展開資源調查必要基礎資料的蒐集工作〔註137〕，惟籌備之初係由殖產局負責，後來委由商工課統籌，並在各州勸業課設專責單位，作爲執行機關〔註138〕。

報導指出，資源調查是日本全體官民總動員的調查，必須上下一心協力完成〔註139〕。殖產局商工課長戶水昇〔註140〕則指出，資源調查是樹立國策重要的基礎調查，調查結果可對國家資源作通盤瞭解，明白國家資源自給自足或仰賴他國的情形，又分爲「一般調查」和「特別調查」兩種，前者係根據臺灣資源調查令所載，對汽車、自行車、工場、礦山、船舶、造船所、鐵道等實施的調查；後者爲根據臺灣資源調查令第六條所指，依照內閣總理大臣

〔註133〕 〈資源調查法ヲ朝鮮、台灣及樺太ニ施行スルノ件〉，《御署名原本》，昭和四年，勅令第三二七号，1929年11月。

〔註134〕 〈資源調查令制定軍需調查令廃止〉，《御署名原本》，昭和四年，勅令第三二九号，1929年11月。

〔註135〕 〈資源調查法十二月一日實施〉，《臺灣日日新報》，100629號，1929年11月19日，2版。

〔註136〕 〈臺灣資源調查令制訂〉，《臺灣總督府府報報》，831號，1929年12月1日，頁1。〈資源調查と國民の協力〉，《臺灣日日新報》，100644號，1929年12月4日，2版。

〔註137〕 〈資源調查事務ノ恒久化等諸般事務增加ノ爲職員設置〉，《公文類聚》，第六十四編・昭和十五年・第四十一卷・官職三十九，1939年12月。

〔註138〕 〈資源調查府令の成案を急ぐ〉，《臺灣日日新報》，1929年11月21日，2版。

〔註139〕 〈資源調查と國民の協力〉，《臺灣日日新報》，1929年12月4日，2版。

〔註140〕 戶水昇1890年2月出生於東京，1915年5月畢業於東京帝國大學政治學科，隔年文官高等考試及格。1917年6月來臺，擔任總督府鐵道部書記，歷任鐵道部事務官、殖產局商工課長、交通局參事、臺北州知事等職。至1939年12月解除職務。參第2875號文書，〈〔鐵道部書記〕戶水昇（任鐵道部事務官）〉，《臺灣總督府公文類纂》，42號，高等官進退原議五月份，1918年5月。第10100號文書，〈戶水昇（依願免本官；事務格別勉勵二付金四千二百六十圓ヲ賞與ス）〉，《臺灣總督府公文類纂》，79號，高等官進退原議十二月份，1939年12月。

所要求，或總督府認爲必須實施的事項，例如：資源現存額調查、資源回收狀況的調查、購入機械裝置的調查、科學研究的調查、傳輸鴿的調查、資源概況速報等〔註141〕。就一般調查的事項而言，凡是汽車、貨車或工場的所有者，有向州知事或廳長提出報告的義務；擁有百噸以上船舶的造船業，五人以上礦工的礦業主，二十噸以上五百噸以下的汽船所有人，有向交通總局長提出報告的義務；發電所、變電所的經營者，私設鐵道經營者，亦應根據報告書規定提出報告〔註142〕。爲此，總督府設計了十七種資源調查表格，分別爲一至十七號，由各單位依據其性質分別塡寫。

　　第一至二號，爲路上交通工具用塡寫表格，汽車、貨車或特殊用途車輛的擁有者，使用一號表格「乘用自動車、貨物自動車及特殊用途自動車調查報告書」；汽缸容積六百公升以上的自動自轉車的擁有者，使用二號表格「自動自轉車調查報告書」，兩種表格塡寫內容大致相同，爲擁有者姓名、車輛形式、馬力數及構造裝置等，於每年 8 月底前，向轄區廳長或州知事提出申報〔註143〕。第三至九號，爲工廠和礦山的調查表格，擁有五人以上工人的工場依照性質，分別塡寫「工場調查報告書」、「工場及礦山設備及機械調查報告書」、「工場及礦山原動機調查書」、「工場及礦山生產調查報告書」、「工場及礦山、電力、燃料、原料及材料消費額調查報告書」、「工場及礦山從業者調查報告書」及「礦山調查報告書」等表格，塡寫內容大致爲工場名稱、工場所在地、生產品名稱、使用原料、動力、設備及機械、燃料使用額、電力使用額、從業員人數及性別等〔註144〕。

　　第十至第十三號表格，爲汽船擁有者塡寫事項，分別爲「總噸數五百噸以上汽船調查報告書」、「總噸數二十噸以上五百噸以下汽船調查報告書」、「汽船乘組員調查報告書」。十四號表格爲「發電所及變電所調查報告書」，十五至十七號表格爲「線路容量調查報告書」、「機關車牽引定數調查報告書」、「鐵道從業者調查表」，〔註145〕這些調查事項皆需於每年 12 月底前，向轄區廳長或州知事提出申報。

〔註141〕 臺灣總督府，《臺灣總督府事務成績提要》，第四十五編（1941），頁 165～166。
〔註142〕 戶水昇，〈資源調查法に就て〉，頁 10。
〔註143〕 〈臺灣資源調查令制定〉，《臺灣總督府府報》，0831a 號，1929 年 12 月 1 日，頁 1～20。
〔註144〕 同上註 143。
〔註145〕 同上註 143。

　　此外，資源調查的內容和方針也可見於〈臺灣總督府報告例〉〔註 146〕，1929 年之後資源調查被容納進報告例中，成爲需定期報告回覆的一部分，例如：1933 年 10 月，將「月別年生產額」、「年輸出入額及移入額」、「各月末保管額」及「用途別年消費額」等，四項調查事項的報告格式，收入總督府報告例中，成爲一年回覆一次的年報，分別爲第 106 表至 109 號表〔註 147〕。

　　資源調查實施時，日本國內正處於經濟不景氣的狀態，爲節約調查經費，資源調查雖是統計調查，但並未像人口調查一般，特別設置專門調查機關，而是被視爲一般行政調查，由各官廳協力實施〔註 148〕，更像業務統計的辦理模式。官員實施調查時務必將事務合理化，減輕民間的負擔，帝國臣民都有誠實報告的義務，民間企業應有盡力配合調查的自覺，誠實地愼重申報。若有迤慢調查或虛報資料者，罰金 200 圓以下，或有拒絕官吏執行公務、不肯提出資料、提出假資料者，罰金 500 圓以下〔註 149〕。若未能於期限內完成申報，可擇日補辦手續，若惡意過期，則罰鍰 200 圓以下〔註 150〕。填寫時需注意嚴守報告期限、統一記載單位、遵照調查票填入方式，以及統一用語〔註 151〕。

　　雖說當局對調查態度頗爲強硬，但總督府也考量企業立場，嚴屬地規範官員不可洩漏報告書內容，否則需接受嚴屬處罰。關於工業發明的事項或設備等項目，因屬企業業務秘密，爲特殊事項，爲保障業主權益，若有特殊的工業發明，爲工場商業機密，爲免機密外洩，經各省大臣或殖民地長官認可，得以免與調查。〔註 152〕根據報載，台灣各地工場主或礦業主，皆能遵守資源調查時間，誠實申報，調查者也能不洩漏情報，秉公製作調查報告書〔註 153〕。

　　日本中央對臺灣實施資源調查情形頗爲關心，1930 年 3 月，貴族院議員

〔註 146〕戶水昇，〈資源調查法に就て〉，頁 11。

〔註 147〕第 12097 冊，〈資源調查令ニ依ケル調查ニ關スル件〉，《臺灣總督府專賣局檔案》，1933 年 10 月，典藏號：00112097001。

〔註 148〕戶水昇，〈資源調查法に就て〉，頁 11。

〔註 149〕〈資源調查法施行〉，《臺灣日日新報》，1930 年 1 月 28 日，4 版。

〔註 150〕〈臺北州資源調查 報告限三月末 過期罰款〉，《臺灣日日新報》，1930 年 3 月 28 日，4 版。

〔註 151〕第 12096 冊，〈資源調查上注意事項〉，《臺灣總督府專賣局檔案》，1932 年 11 月，典藏號：00112096015。

〔註 152〕戶水昇，〈資源調查法に就て〉，頁 8。

〔註 153〕〈資源報告は正直に敏速に〉，《臺灣日日新報》，1930 年 1 月 25 日，2 版。

肝付兼英即專程來台，視察資源調查實施情形〔註 154〕。1930 年 4 月，資源局召集殖民地關係者，4 月 9 日起，舉行資源調查法實施後的第一次說明會，總督府派殖產局商工課技師馬場宏景出席〔註 155〕，報告臺灣實施調查的狀況。至 1931 年，臺灣總督府事務分掌規程改正，將資源調查事務移交由官房調查課負責〔註 156〕。1931 年 2 月，在原口竹次郎的安排下，資源局事務官秋山罪太郎從日來臺，針對總動員計畫的沿革，與資源調查的要領等主題進行演講〔註 157〕。而為加強地方官員對資源調查的認識和理解，1931 年 6月，總督府進一步召集各州官員，展開為期三天的資源調查會議。

　　會議第一天，首先由原口竹次郎說明資源調查和統制運用的關係；第二天，原口竹次郎講解資源調查的各項法令基礎；第三天，則是各州官員綜合座談，由各州官員就實施資源調查時遇到的困難提出討論〔註 158〕。此外，為使調查內容更精確，勉勵調查者遵守調查期限，地方也有主動開辦講習會的例子，例如：1935 年 8 月，高雄州自 8 月 10 日起，率先召開為期三天的資源調查事務講習會，原口竹次郎講授總動員準備的意義、總督府技師加藤晴治〔註 159〕講授臺灣的工業、工場的調查和實際，以及資源調查實務解說等課程〔註 160〕。

〔註 154〕　〈資源調查視察に肝付男來臺〉，《臺灣日日新報》，1930 年 3 月 26 日，7 版。
〔註 155〕　〈資源會議に馬場技師出席〉，《臺灣日日新報》1930 年 4 月 5 日，2 版。馬場宏景 1892 年 8 月出生於宮城縣，1915 年 9 月畢業於東北帝國大學醫學專門部藥學科，先服務於山梨縣，1928 年 3 月，總督府鑑於臺灣島內對化學工業的需求漸增，聘其擔任總督府殖產局商工課技師，於 1933 年 9 月離開職務。參第 10050 文書，〈馬場宏景任總督府技師、俸給、勤務〉，《臺灣總督府公文類纂》，68 號，門號不詳，1928 年 3 月。第 10075 文書，〈馬場宏景願ニ依リ本職ヲ免ス、賞與〉，《臺灣總督府公文類纂》，102 號，門號不詳，1933 年 9月。
〔註 156〕　臺灣總督府，《臺灣總督府事務成績提要》，第四十五編（1940），頁 590～591。
〔註 157〕　〈資源調查動員計畫の演講〉，《臺灣日日新報》，1931 年 2 月 3 日，1 版。
〔註 158〕　〈資源調查打合會〉，《臺灣日日新報》，1931 年 6 月 24 日，2 版。
〔註 159〕　加藤晴治 1989 年出生於愛知縣，1928 年 3 月畢業於東北帝國大學工學部化學工學科，同年 6 月來臺擔任總督府殖產局技手，更以其工業造詣深厚，1932年 10 月兼任中央研究所技師，並於 1933 年 9 月，馬場宏景離臺之後，補缺成為總督府技師，並延續其職務。參第 10218 文書，〈加藤晴治任總督府技手、俸給、勤務〉，《臺灣總督府公文類纂》，94 號，門號不詳，1928 年 6 月；第10076 文書，〈加藤晴治任總督府技師、俸給、勤務〉，《臺灣總督府公文類纂》，24 號，門號不詳，1933 年 10 月。
〔註 160〕　〈資源調查事務講習會〉，《臺灣日日新報》，1935 年 8 月 8 日，8 版。

三、臺灣資源調查委員會的成立

（一）成立的經過

惟實際推行調查業務之後，總督府發現資源調查事務廣泛，非僅單一部局可完成任務，爲使各部局間的專業知識緊密集合，資源調查工作進行順暢，因此，除主要辦理的官房調查課之外，1936 年 7 月，又成立跨部局的臺灣資源調查委員會〔註 161〕，統籌各項資源的調查和審議工作〔註 162〕，成爲總督府各部局聯繫事項的窗口。

臺灣資源調查會於設置理由書中指出，世界大戰發展至今，已非單純的兵力和武器的角逐，而是進行到國力的持久戰，前線和後方已成爲一體〔註 163〕，除了兵員的動員，個人和團體的勞力、智能、精神，物資、工場及事業場、運輸通信等設備，都是國力的泉源。爲有效地支配國家資源，做最合理的運用，必須先對國家資源進行徹底調查，使其能充分發揮力量。鑑於資源調查事務涉及各領域，包括：戰時食糧燃料勞動的動員、產業貿易交通的動員、財政問題、科學研究的動員、戰時情報的組織等各種事項，若僅侷限於一局課，則過於狹隘，則無法推展業務，爲使總動員各關係官廳緊密相連，網羅各方面專業知識，籌設大型合議機關乃是必要之舉〔註 164〕。

臺灣資源調查委員會設人員、家畜、食糧、原料材料、機械裝置、燃料、電力、工場、鐵道、船舶、港灣、自動車及自動自轉車、工業關係研究機關、警備等十四個部會，由總督府相關部門分別擔任關係委員，負責該部會的資源調查事務〔註 165〕。各部會必須就所屬責任領域，提出統制運用計畫的審查報告和立案計畫，並向委員長提出資源統籌說明，若部會工作事項重疊，則必須召開聯合協議會協商〔註 166〕（參表 5-3-1　臺灣資源委員會責任範圍）。

〔註 161〕臺灣總督府，《臺灣總督府事務成績提要》，第四十二編（1937），頁 137。

〔註 162〕〈臺灣資源調查 内地側の委員 一週間の現地調査 十九日に再開さる〉，《臺灣日日新報》，1937 年 1 月 7 日，2 版。

〔註 163〕〈臺灣の資源調査 けふ第一回委員會 總督、軍司令官も臨席〉，《臺灣日日新報》，1937 年 1 月 12 日，1 版。

〔註 164〕第 10088 號文書，〈臺灣資源調查委員會設置理由〉，《臺灣總督府公文類纂》，127 號，門號不詳，1936 年 12 月。

〔註 165〕第 10088 號文書，〈臺灣資源調查委員會部會規程〉，《臺灣總督府公文類纂》，127 號，門號不詳，1936 年 12 月。

〔註 166〕同上註 165。

表 5-3-1　臺灣資源委員會責任範圍

部　會	擔當資源	關係委員
第一部會	人員	官房調查課、警務部、殖產局、交、交遞、陸、海、專賣局
第二部會	家畜	官房調查課、殖產局、陸、中央研究所、財務局
第三部會	食糧	官房調查課、殖產局、財、陸、海、專賣局、中央研究所
第四部會	原料材料	官房調查課、殖產局、交、交通局鐵道部、交通局遞信部、財務局、陸、海、專賣局、中央研究所
第五部會	機械裝置	官房調查課、殖產局、交通局鐵道部、交通局遞信部、交通局道路部、陸、海、專賣局、中央研究所
第六部會	燃料	官房調查課、殖產局、交通局鐵道部、財務局、陸、海、中央研究所、專賣局、交通局遞信部
第七部會	電力	官房調查局、殖產局、交通局遞信部、陸、海
第八部會	工場	官房調查局、殖產局、交通局鐵道部、交、交通局遞信部、專賣局、陸軍、海軍
第九部會	鐵道	官房調查課、交通局鐵道部、營林所、陸、海
第十部會	船舶	官房調查課、交通局遞信部、陸、海、財務局
第十一部會	港灣	官房調查課、交通局遞信部、警務局、陸、海、交通局道路課、交通局鐵道部
第十二部會	自動車及自動自轉車	官房調查課、警務局、財務局、交通局遞信部、交、陸、海
第十三部會	工業關係研究機關	官房調查課、中央研究所、文書課、陸軍、海軍、殖產局
第十四部會	警備	官房調查課、警務局、內務局、殖產局、財務部、官房文書課、交通局道路部、交通局鐵道部、交通局遞信部、中央研究所、陸、海、州、廳、專賣局

資料來源：第 10088 號文書，〈辭令案〉《臺灣總督府公文類纂》，127 號，高等官進退原議十二月份，1936 年 12 月。

　　由上表可知，臺灣資源調查委員會是由總督府內部各部局所組成的跨領域委員會，廣及官房調查課、警務局、內務局、殖產局、財務部、官房文書課、交通局道路部、交通局鐵道部、交通局遞信部、中央研究所、陸軍、海軍、州、廳、專賣局等單位。網羅各領域專業知識，蒐集正確清晰的資料，對臺灣資源的統制運用政策做全面、根本的再檢討，強化國防和產業的關係，

使各關係官廳聯絡更爲緊密〔註167〕。並且，爲了各部會的溝通管道順暢，每部會皆有官房調查課參與其中，作爲穿針引線，協調各事務的窗口。

（二）相關人事

臺灣資源調查委員會網羅總督府各部、各領域專業人員，目的在蒐集正確清晰的資料，希望對臺灣資源的統制運用政策做全面、根本的檢討，強化國防和產業的關係〔註168〕。就人員規劃而言，委員會設委員長一人，委員若干人，必要時可設臨時委員。委員長由總督府總務長官擔任，委員或臨時委員則是從高等官或陸、海軍等所屬職員中選任〔註169〕。1936年7月，確定委員和幹事名單〔註170〕，成員包含各領域菁英，例如：總督府殖產局長田端幸三郎、總督府財務局長嶺田丘造、總督府專賣局長今川淵、總督府交通局總長泊武治、總督府警務局長二見直三、總督府交通局遞信部長戶水昇等，皆爲總督府重要官員。官房調查課長山本眞平擔任幹事，負責蒐集調查資料，以及與各部局聯繫事項〔註171〕。1936年7月，確定臺灣資源調查會委員和幹事〔註172〕，12月展開資源調查磋商會，召集調查相關人員，協議臺灣資源調查的具體方法（參表5-3-2　臺灣資源調查委員會名單）〔註173〕。

表5-3-2　臺灣資源調查委員會名單

任命時間	職　務	姓　名	原　職	備　註
1936.12	委員	田端幸三郎	總督府殖產局長	
1936.12	委員	嶺田丘造	總督府財務局長	
1936.12	委員	今川淵	總督府專賣局長	

〔註167〕〈資源調查會陣容成　產業政策根本檢討　期待由是劃一轉機〉，《臺灣日日新報》，1936年12月5日，8版。

〔註168〕同上註167。

〔註169〕〈臺灣資源調查委員會規程〉，《臺灣總督府府報》，2735號，1936年7月15日，頁35。

〔註170〕〈資源調查會陣容成　產業政策根本檢討　期待由是劃一轉機〉，《臺灣日日新報》，1936年12月5日，8版。

〔註171〕第10088號文書，〈辭令案〉《臺灣總督府公文類纂》，第127號，高等官進退原議十二月分，1936年12月。

〔註172〕〈資源調查會陣容成　產業政策根本檢討　期待由是劃一轉機〉，《臺灣日日新報》，1936年12月5日，8版。

〔註173〕〈資源調查開磋商會〉，《臺灣日日新報》，1936年12月19日，12版。

1936.12	委員	泊武治	總督府交通局總長	
1936.12	委員	二見直三	總督府警務局長	
1936.12	委員	戶水昇	總督府遞信部長	
1936.12	委員	山縣三郎	總督府內務局長	
1936.12	委員	島田昌勢	總督府文教局長	
1936.12	委員	山本眞平	總督府事務官	審議室
1936.12	委員	緒方眞記	海軍大佐	
1937.1	委員	坂本龍起	總督府事務官	外事課長
1937.4	委員	安達左京	中央研究所事務官	庶務課長
1937.4	委員	秦雅尙	陸軍少將	臺灣軍參謀長
1937.10	委員	加藤三郎	總督府事務官	外事課長
1937.10	委員	木原圓次	總督府事務官	官房調查課長
1938.5	委員	田中久一	陸軍少將	臺灣軍參謀長
1938.5	委員	福田良三	海軍大佐	海軍武官
1936.12	臨時委員	松本虎太	總督府交通局技師	道路港灣課長
1936.12	臨時委員	澀谷紀三郎	中央研究所技師	農業部長
1936.12	臨時委員	加福均一	中央研究所技師	工業部長
1937.1	臨時委員	關文彥	中央研究所技師	林業部長
1936.12	囑託	荻洲立兵	陸軍少將	
1936.12	囑託	酒井武雄	海軍武官	
1936.12	幹事	高橋春吉	總督府技師	
1936.12	幹事	渡部慶之進	交通局參事	
1936.12	幹事	土井季太郎	總督府技師	
1936.12	幹事	山本眞平	總督府事務官	
1936.12	幹事	小布施齊	交通局副參事	
1936.12	幹事	西村高兄	總督府事務官	
1936.12	幹事	江藤昌之	總督府事務官	
1936.12	幹事	安達左京	中央研究所事務官	
1936.12	幹事	伊藤完二	交通局參事	
1936.12	幹事	細井英夫	總督府事務官	
1936.12	幹事	井田憲次	總督府事務官	
1936.12	幹事	加藤晴治	總督府技師	

1936.12	幹事	山本募	陸軍步兵中佐	
1936.12	幹事	松永三郎	海軍機關中佐	
1936.12	幹事	岡元男	總督府屬	
1936.12	幹事	南爲藏	總督府屬	
1936.12	幹事	平山季雄	交通局書記	
1936.12	幹事	牧主一	總督府技手	
1936.12	幹事	山田拍採	總督府技師	農務課
1936.12	幹事	上野忠貞	總督府技師	山林課
1936.12	幹事	奧田達郎	總督府事務官	特產課長
1936.12	幹事	一番瀨佳雄	總督府技師	農務課長
1936.12	幹事	木圓原次	專賣局參事	庶務課長
1936.12	幹事	玉手亮一	總督府事務官	山林課長
1936.12	幹事	山岸金三郎	總督府事務官	金融課長
1936.12	幹事	今田卓爾	總督府事務官	營林所庶務課長
1936.12	幹事	佐佐木英一	交通局技師	電器課長
1936.12	幹事	稻田穀	交通局參事	海事課長
1936.12	幹事	小澤太郎	總督府事務官	調查課
1937.1	幹事	須田一二三	總督府事務官	文書課長
1937.1	幹事	入鹿山成樹	總督府技師	米穀課
1937.1	幹事	橋爪清人	總督府事務官	保安課長
1937.1	幹事	松野孝一	總督府事務官	
1937.1	幹事	加藤重喜	總督府事務官	衛生課長
1937.1	幹事	廣谷致員	總督府事務官	學務課長
1937.1	幹事	永美益夫	專賣局技師	鹽腦課長
1937.1	幹事	武田義人	專賣局技師	酒課
1937.1	幹事	慶谷隆夫	總督府事務官	社會課長
1937.4	幹事	大竹孟	總督府統計官	調查課
1937.10	幹事	三輪幸助	專賣局參事	庶務課長
1937.10	幹事	木圓原次	總督府事務官	調查課長
1936.12	書記	川內茂義	總督府屬	特產課
1936.12	書記	石橋普	總督府技手	農務課
1936.12	書記	岡本庄七	總督府屬	水產課

1936.12	書記	佐藤正孝	專賣局書記	庶務課
1937.1	書記	杉田織吉	總督府屬	保安課
1937.1	書記	大野乾	總督府屬	山林課
1937.1	書記	宮本恭二	總督府技手	米穀課
1937.1	書記	毛利寬	總督府屬	社會課
1937.1	書記	水澤宏一郎	總督府屬	學務課
1937.1	書記	佐藤茂	總督府屬	地方課
1937.10	書記	倉澤政夫	總督府屬	學務課
1937.10	書記	小野榮	交通局書記	鐵道部

資料來源：第 10088 號文書，〈辭令案〉《臺灣總督府公文類纂》，127 號，高等官進退
原議十二月份，1936 年 12 月；第 10088 號文書，〈辭令案〉《臺灣總督府
公文類纂》，152 號，高等官進退原議十二月份，1936 年 12 月；第 10089
號文書，〈辭令案〉《臺灣總督府公文類纂》，6 號，高等官進退原議一月份，
1937 年 1 月：第 10089 號文書，〈辭令案〉《臺灣總督府公文類纂》，8 號，
高等官進退原議一月份，1937 年 1 月；第 10089 號文書，〈辭令案〉《臺灣
總督府公文類纂》，33 號，高等官進退原議一月份，1937 年 1 月；第 10090
號文書，〈辭令案〉《臺灣總督府公文類纂》，41 號，高等官進退原議四月
份，1937 年 4 月：第 10093 號文書，〈辭令案〉《臺灣總督府公文類纂》，
109 號，高等官進退原議五月份，1938 年 5 月。

（三）運作狀況

臺灣資源調查委員會成立之後，資源調查事務有新進展。1936 年 12 月，
總督府召集各州廳官員開資源調查磋商會，協調調查方法，會中並訂於翌年
1 月，擬召開資源調查第一回委員會〔註 174〕，協議臺灣資源調查具體的實施
方法〔註 175〕。1937 年 1 月，資源調查第一回委員會於臺灣展開，日本內地
官員也抵臺共襄盛舉，成員以資源局總務部長植村甲午郎為首，包括資源
局、陸海軍、大藏、商工、農林、遞信、朝鮮、關東州等事務官和技術者計
29 人〔註 176〕，臺灣代表則由臺灣總督小林躋造、總務長官森岡二朗、官房
調查課長山本眞平等 13 人出席。

開幕式當天，首先由小林躋造致詞，接著山本眞平報告臺灣總督府總動

〔註 174〕 〈資源調查打合〉，《臺灣日日新報》，1936 年 12 月 19 日，1 版。
〔註 175〕 〈資源調查開磋商會〉，《臺灣日日新報》，1936 年 12 月 19 日，12 版。
〔註 176〕 〈資源調查委員 植村ら來臺 大和丸きのふ入港〉，《臺灣日日新報》，1937
年 1 月 10 日，11 版。

員業務發展的梗概，最後植村甲午郎發表資源局業務進展的情形，與對臺灣
資源調查成果的期待〔註 177〕。會議中資源局官員對燃料爲主的礦物資源特
別關注〔註 178〕，分別就臺灣的燃料、化學工業、鐵道、農林、礦山等資源
進行討論〔註 179〕。1 月 12 至 18 日，實際到臺灣各地視察〔註 180〕，最後一
天則是日本、臺灣、朝鮮、關東州等各代表，就四地資源調查實施情形意見
交換。〔註 181〕經過討論和視察之後，資源局著眼於臺灣居於亞熱帶氣候的
地理位置，除了原先期待的燃料、米、糖等熱帶資源之外，另將重心放在臺
灣的農林資源、礦物、畜牧資源、水產資源、燃料、運輸資源及能源等資源，
項目涵蓋甚廣〔註 182〕，可說徹底將臺灣視爲軍需資源的補給地。

臺灣資源調查委員會持續至 1939 年 7 月，總督府設立「國家總動員業務
委員會」，在總督的監督下，執行國家總動員各項業務，取代臺灣資源調查委
員會〔註 183〕。

（四）調查成果

如前所述，資源調查自 1929 年 12 月起每年定期實施，受調單位填妥相
關表格，必須將其製作成調查報告，於期限內製作成報告書向主管機關提出
〔註 184〕。但資源調查爲戰爭所需實施之統計調查，調查結果被視爲情資並
不對外公開，但軍方有權便宜行事，向各單位調閱調查結果〔註 185〕。

〔註 177〕〈臺灣の資源調查 けふ第一回委員會 總督、軍司令官も臨席〉，《臺灣日日
新報》，1937 年 1 月 12 日，1 版。
〔註 178〕〈臺灣資源調查 內地側の委員 一週間の現地調查 十九日に再開さる〉，《臺
灣日日新報》，1937 年 1 月 7 日，2 版。
〔註 179〕〈資源調查委員 植村氏ら來臺〉，《臺灣日日新報》，1937 年 1 月 10 日，2
版。
〔註 180〕〈臺灣現地會議を開く 內地からも關係官が參列 十一日から督府で〉，《臺
灣日日新報》，1937 年 1 月 7 日，1 版。
〔註 181〕〈綜合的問題で けふ意見交換 臺灣資源調查委員會〉，《臺灣日日新報》，
1937 年 1 月 20 日，2 版。
〔註 182〕臺灣總督府官房調查課，《臺灣資源調查委員會第一回委員會議事綠》（台北：
該課，1937.1），頁 2～19。
〔註 183〕〈國家總動員業務委員會規程〉，《臺灣總督府府報》，第 3642 號，1939 年 7
月 26 日，頁 89。
〔註 184〕第 12097 冊，〈資源調查二依ル報告書作製並二提出方二關スル件〉，《臺灣總
督府專賣局檔案》，1931 年 5 月 28 日，典藏號：00112097001。
〔註 185〕第 12097 冊，〈資源調查資料ノ閱覽二關スル件〉，《臺灣總督府專賣局檔案》，
1930 年 10 月 21 日，典藏號：00112097001。

　　照理說資源調查被定義爲統計調查，是爲統計而實施的調查，調查完畢之後，所有資料應被編輯成統計書，才符合統計調查的規範。然而，由於戰後資料散佚之故，現今可見資源調查成果屈指可數〔註 186〕，目前僅可見殖產局商工課，於 1930 年編纂之《資源調查令二基ク工場關係資料集》，該書係根據各工場提交的調查表，將 1929 年度的調查結果編纂而成〔註 187〕。該書將臺灣的工場劃分爲：紡織工場、金屬工業、機械器具工場、窯業、化學工業、製材及木製品工業、食品工業及其他等八大類，再各別劃分成數個小類別，依照「年生產額」、「職員數」、「工場和工人數」、「原料和材料年使用額」、「燃料年使用額」、「電力年使用額」、「使用員動機」及「工人平均日薪」等資訊，統整之後，製作成八個統計表。表格縱欄爲產業名稱，橫欄爲臺北州、新竹州、臺中州、臺南州、高雄州、臺東廳、花蓮港廳及澎湖廳，最後則爲各廳合計數量。該書是目前僅見碩果僅存，關於資源調查的統計書，值得注意的是，所有關於工場職員、工人的數目或年齡等人事的部分，均羅列兵役關係，也可見資源調查與總動員體制的密切關連。

　　此外，殖產局商工課也於 1929 年起編製《工場名簿》，每年一編至 1940 年爲止〔註 188〕，該簿以紡織工業、金屬工業、機械器具工業、窯業、化學工業、製材及木製品工業、食品工業及其他工業等八類爲分類原則，分別依照工場名稱、工場所在地、工場主人姓名、生產品名、職工人數及開業時間等盧列〔註 189〕。調查對象與 1929 年以前出版的《臺灣工場通覽》相同，只增加一項「擁有職工 5 人以上設備」，亦即調查重點爲生產設備，且以罰則強制業主提出正確報告〔註 190〕。

　　再則，也可見臺灣總督府專賣局所屬各工場遺存的報告資料，分別爲 1937 年度報告書：臺中支局、嘉義支局、埔里支局、宜蘭支局、花蓮港工場、臺北酒工場、臺北南門工場、臺北煙草工場、樹林酒工場、宜蘭工場、烏樹林

〔註 186〕日治時期的相關工業期刊也可散見關於資源調查的資訊，例如：〈自動車資源調查要綱（一）〉，《臺灣自動車界》，7 卷 8 期（1938.8），頁 50～52。〈自動車資源調查要綱（二）〉，《臺灣自動車界》，7 卷 9 期（1938.9），頁 41～46。

〔註 187〕臺灣總督府殖產局，《資源調查令二基ク工場關係資料集》（臺北：該局，1930）。

〔註 188〕但原應於 1935 年出版的 1933 年度《工場名簿》，因 1935 年舉行熱帶產業調查會，殖產局無暇他顧而未出版。參高淑媛，〈工場名簿〉，《臺灣學通訊》，66 期（2012.6），頁 4。

〔註 189〕臺灣總督府殖產局，《工場名簿》昭和十四年度（臺北：該局，1931.3）。

〔註 190〕高淑媛，〈工場名簿〉，頁 4。

工場、北門工場、布袋工場、嘉義工場、埔里工場、鹿港工場、臺南工場及臺中工場。1938 年度報告書：布袋出張所、臺北南門支局工場、臺南支局、鹿港出張所、臺中支局、臺東出張所等。這些單位登載爲釀酒工場或煙草工場，根據其屬性，分別使用第三號至第八號表格，報告書中詳記事業種類、營運狀況，酒類或煙草製品生產額，以及設備使用情形等，並隨書附上工場平面圖，記錄甚爲詳細，從中可見資源調查實施時的嚴格規範。

並且，1937 年 1 月，植村甲午郎於資源調查第一次委員會中指出，希望能匯集各項資源調查資料，集結成「帝國資源總覽」，或是「資源」的雜誌刊物，提供精確的資訊。〔註191〕因應其建議，1937 年 6 月，官房調查課創刊雜誌《臺灣資源》，成爲發表資源調查成果的園地。該刊創刊號中，指出國家的根源端賴所支配的資源，豐富的資源運用得宜才能發揮眞正的價值，日本素來缺乏天然資源，重要資源多仰賴外國輸入，爲了使帝國內的資源得到最有效的利用，徹底清查乃是必要之舉。臺灣資源頗爲豐富，除了金礦、石油等礦物資源，還有南方特有的米、砂糖、酒精、鹽等，爲了正確的將臺灣資源介紹給世人，故將資料公開。〔註192〕

《臺灣資源》總共出了四期，爲臺灣資源的綜合性介紹刊物。刊物內容包含論文和資源要錄兩大類。前者包括關於國家總動員計畫的介紹、對將來電力的預測、臺灣的工業化情形、臺灣的鋁工業、在中國臨時情報委員會的介紹、國家總動員下收音機的使用狀況、臺灣廢橡膠的回收情形、福建省工業發展的情形、高雄工業化的情形，以及重要資源的保育等。資源要錄則涉及全臺物價統計、全臺汽車輛數的調查、電力調查、木材調查、礦業調查、工廠調查、公司調查、黃麻調查、傳信鴿調查、物價調查、二手橡膠的回收調查、臺灣私設鐵道的調查、臺灣黃麻製品的需求調查、農業庫存品的調查等。〔註193〕

總之，資源調查是藉著探究人和物等資源現況，做爲國家總動員產業政策的指針，調查結果可對國家資源作通盤瞭解，明白國家資源自給自足或仰賴他國的情形。資源調查自 1929 年起實施，持續至戰爭結束，承辦單位歷經殖產局商工課、官房調查課、官房企畫部、企畫部及殖產局總務課等統計機

〔註191〕臺灣總督府官房調查課，〈臺灣資源調查委員會第一回委員會議事綠〉，頁 6～7。
〔註192〕臺灣總督府調查課，〈創刊の詞〉，《臺灣資源》1：1（1937.7），頁 1。
〔註193〕參見各期《臺灣資源》。

關，以及臺灣資源調查委員會和國家總動員業務委員會等組織，堪稱為日治
後期，殖民當局最為重視的基礎調查。

調查原因主要來自於軍部對戰爭資源的掌控，從軍需工業調查至資源調
查，逐步地實現其調查帝國各項資源的計畫。臺灣資源豐富，日治後期又大
舉發展工業，值得調查項目甚多，自然為殖民當局所重視，由資源局當局數
次來臺視察，以及所發表的言論，皆可看出其攫取臺灣資源的企圖。在此背
景下總督府自然對資源調查頗為慎重，不論統計機關如何轉換，資源調查始
終為其重點調查項目。戰後，臺灣行政長官公署統計室接收殖民時期的統計
資料，也提到資源調查的成果，並指出將待各工場恢復之後繼續實施，作為
對照之用，可見該時期的資源調查頗有成效〔註194〕。

但就日治時期統計制度的發展脈絡而言，資源調查未必是成功的統計調
查。統計調查實施後，必須將所得資料量化之後整理成統計書，如此才符合
統計調查的規範，但資源調查是軍部力量滲入統計機關的產物，調查成果僅
可見殖產局商工課階段，編製成的工場狀況統計書。後雖交由中央統計機關
官房調查課負責，但實施重點在於掌控資源，而非製作數字性的統計報告，
與其說是統計調查，毋寧是對臺灣資源的探勘。在此階段，雖說對臺灣資源
進行了地毯式的調查和彙整，但其性質是否能稱為統計調查實頗值商榷。可
以說，資源調查是以統計為名，對帝國的資源實施探勘和研究，是對資源實
施的調查，而非對資源實施的統計調查。然而，對臺灣資源的蒐集和整理角
度而論，確實留下不可抹滅的記錄。

綜合可知，對喜愛調查的日本人來說，為使南方發展順遂，必須成立南
方研究的專責機關，以利後續行動，最佳的設置地點，自然非有帝國南方鎖
鑰之稱的臺灣莫屬。總督府並未新設專職南方調查的新機關，而是在原來的
官房統計課體系下，將編制予以擴充，成立官房調查課。為何選中官房統計
課原因不得而知，但提供參考參考向來為統計的職責，統計事務和調查事務
皆具情報提供的意義，當局將統計和調查合而為一，作法極為自然。

官房統計課擴充為官房調查課後，統計業務並未萎縮，一般性業務統計：
「臺灣人口動態統計」、「臺灣犯罪統計」、「臺灣事情」等，編製作業照常進
行。不過此時，國際局勢已有變化，日本鑑戒西方的治國經驗，展開國勢調

〔註194〕參見胡元璋，〈介紹臺灣統計事業〉，收於林滿紅編《臺灣所藏中華民國經濟
　　　　檔案》（臺北：中研院近史所，1995），頁463。

查和資源調查，臺灣也被納入調查範圍。官房調查課自然爲承辦單位，而爲了人力之所需，而多了統計官的編制，總攬各項統計業務的進行。雖然統計官看似是因應統計機關擴充之後，爲綜理課內統計業務新設立的職務，但從官房調查課的規程中，可知最終裁奪者仍屬於官房調查課長。

隨著戰爭局勢趨於緊張，官房調查課擔任統計和調查等情報資料的提供者，以及整合各部局任務的協調者，作爲國家總動員窗口的角色更爲舉足輕重，這個編制一直持續至 1941 年 7 月。官房調查課還有一項重要的調查，就是 1937 年 8 月的家計調查，即使當時已進入戰爭時期，仍在大竹孟率領下如期且順利地實施，此將在「第六章　戰爭時期的統計」第一節中探討。

第六章 戰爭時期的統計
（1937.7～1945.8）

　　1937 年 7 月的七七事變，是日本統治時期重要的轉捩點。隨著中日戰爭的白熱化，臺灣島內演變成全面的戰時體制，各項因應戰事所進行的長期建設，例如：經濟準備、充實國防、擴充生產力，以及振興貿易等政策應運而生。爲使戰時體制下各項政策能有效實施，總督府的統計活動也有所改變，不僅統計機關順應體制改革，統計調查也是基於總動員的理念展開。1937 年 8 月，實施擘畫一年了的家計調查，1939 年 7 月，官房調查課改組爲官房企畫部，統計成爲國家總動員的一環，實施臨時國勢調查，戰時臺灣社會瞭解物資流通情形。因此，本章擬以家計調查的實施、官房企畫部的成立，以及臨時國勢調查的實施等議題，究明戰爭時期總督府統計事業的多元面貌。

第一節　家計調查的實施

　　家庭是社會的核心，家計調查即是對家庭生計的調查，主要係探究各家庭以何種收入爲生，有哪些支出，收支平衡的程度等〔註1〕。調查結果能究明國民生活消費面的實態，作爲家庭生活合理化、消費預算化的基準，也有利於物價對策、負擔均衡、生活改善、救貧和防貧等，作爲各種社會政策的基礎資料〔註2〕。西方國家在工業革命之後，貧富差距增大，爲解決貧困問題，家計調查開始受到關注；明治維新之後，基於同樣的理由，日本統計家吸收

〔註 1〕多田吉三，《家計調查論集》（東京：青史社，1992.8），頁 575。
〔註 2〕調查課長，〈家計調查に就て〉，《臺灣時報》12 月號（1937.12），頁 122。

西方對家計問題的研究，將家計調查引進日本，統計事業被納入母國系統的臺灣也一併實施。以下論述總督府實施家計調查的背景、經過及成果。

一、家計調查背景

（一）家計調查的由來

18 世紀時，因應資本主義過度發展，帶來的貧窮和失業等後遺症，爲瞭解社會基層的生活狀況，西方各國開始展開對家計的研究〔註 3〕。19 世紀之後，各國對家計調查的關心趨於高昂，累積了許多經驗和方法〔註 4〕，以凱特勒和恩格爾兩位學者貢獻最大〔註 5〕。20 世紀之後，鑑於資本主義發展帶來的失業、貧困等後遺症，在關心人民生活狀態的氛圍下，各國實施家計調查的意識更爲高漲〔註 6〕。

日本方面，家計調查始於明治中期以後，因政治變遷、資本主義發達等因素，衍生許多社會問題，統計家開始醞釀調查各階層人民生活狀態的想法〔註 7〕。1916 年，高野岩三郎〔註 8〕率先實施「東京二十職工家計調查」，成

〔註 3〕 內海庫一郎、木村太郎、三潴信邦編，《統計學》（東京：有斐閣，1976），頁 175。

〔註 4〕 大竹孟，〈臺灣における家計調查に就て（上）〉，《臺灣時報》9 月號（1937），頁 6～7。

〔註 5〕 1851 年，凱特勒以比利時勞工爲對象實施家計調查，是近代西方最具代表性之家計調查。其後，他在國際統計會議中，企圖建立家計調查的標準，雖然建議最後未被採行，卻也成爲各國實施時的參考。恩格爾任職統計局期間，也特別強調統計對社會福利的意義。新渡戶稻造，〈ケテレー氏の統計學における位置〉；大竹孟，〈臺灣における家計調查に就て（上）〉，《臺灣時報》9 月號（1937.9），頁 8；〈今回の家計調查に就て〉，《統計集誌》，539 號（1926），頁 37；森戶辰男，〈エンゲルの生涯と業績〉，頁 46。

〔註 6〕 大竹孟，〈臺灣における家計調查に就て（上）〉，頁 8；多田吉三，《日本家計研究史：わが国における家計調查の成立過程に關する研究》，頁 78。

〔註 7〕 例如：1883 年，爲瞭解明治維新之後舊士族的生活狀態，農商務省實施士族的生計調查；隔年，爲了殖產興業策的構想，接著展開對人民平均生活費用的調查，以推算人民的生活費。此後，農商務省陸續對佃農、勞工等階層實施生計狀態調查，透過這些調查的實施，明治時期日本社會各階級的家計狀態逐漸現形。多田吉三，《日本家計研究史：わが国における家計調查の成立過程に關する研究》，頁 1～33。

〔註 8〕 高野岩三郎 1871 年出生於長崎，畢業於東京帝國大學，專攻統計學，1898～1901 年留學德國，跟隨馬雅（Georg von Mayr, 1841～1925）學習統計學，並研讀社會政策學、經濟學等，回國後於東京帝大開設統計學講座，籌組社會政策學會，是當時研究日本社會經濟問題唯一的學會。1913 年，高野岩三郎

爲日本代表性的家計調查〔註9〕。1918 年之後，日本社會因米騷動，時而發生社會暴動，在各界對物價高漲、生活費急速膨脹、大眾生活壓力漸增，導致貧困而生活困難的關心下，各種家計調查陸續展開〔註10〕。

在這股風潮中，1926 年 4 月，內閣統計局新設臨時家計調查課，由統計官松田泰二郎〔註11〕擔任臨時家計調查課長，公佈「家計調查要綱」〔註12〕，針對全國十九府縣，各大都會、工業區及農村，白領階級、工場勞工、礦工、交通勞工、按日記酬的勞工等，合計 7,220 個家庭作爲觀察對象〔註13〕。透過府縣知事、礦山監督局、勞工團體、工廠、礦山農會等單位，募集各階層願意接受調查的家庭〔註14〕，自 1926 年 9 月起，持續一年時間，以家計簿記帳的方式實施調查，最後持續記帳家庭達八成，於 1933 年製作成《家計調查報告》公諸於世〔註15〕。

向國人介紹，德國於 1907 年針對 3,000 馬克以下低收入戶家庭所實施之家計調查，指出該調查利用德國統計局的組織，以一年時間長期觀測家計簿記帳，並給予高度評價。中鉢正美，《家計調查と生活研究》，頁 18～19；多田吉三，《日本家計研究史：わが国における家計調查の成立過程に関する研究》，頁 77～78。

〔註9〕 1916 年，高野岩三郎選定東京府典型的勞工家族爲對象，利用家計簿做調查票，採用受訪對象自己記帳的自計申告方式。6 月回收來自 21 個家庭的家計簿，整理分析之後，命名爲「東京二十職工家計調查」，於《最近社會政策》中發表，爲近代日本開創性之家計調查。權田保之助，〈本邦家計調查〉，收入高野岩三郎編，《本邦社會統計論》（東京：改造社，1933.5），頁 10～12。

〔註10〕 這段時期，總計有 47 件家計調查在日本各地實施，調查者或爲高野岩三郎私人調查，或爲內閣統計局、地方社會局、商工課農政課、農會、水產課等政府單位，或三菱礦業、三菱電機、八幡製鐵所、海軍工場、三菱造船等商工單位。高野岩三郎的助手權田保之助，將這段時間稱呼爲「家計調查狂時代」。權田保之助，〈本邦家計調查〉，頁 13。

〔註11〕 松田泰二郎，1887 年出生於愛媛縣，1917 年畢業於東京帝國大學法學科，1918年爲了研究統計學進入大學院深造，1919 年進入國勢調查局任統計官補，1921年成爲國勢院統計官。參〈国勢院引継書類（八ノ二）〉‧高等官履歷書。

〔註12〕 多田吉三，《日本家計研究史：わが国における家計調查の成立過程に関する研究》，頁 218。

〔註13〕 〈家計調查の実施に関する件（1）〉，《公文備考》，昭和元年，官職 13，卷13，1926 年 6 月。

〔註14〕 〈家計調查實施方法に関する件 下條內閣統計局長説明要旨〉，《統計時報》14 號（1926），頁 58～59。

〔註15〕 御船美智子，《家計研究へのアプローチ》，頁 31；多田吉三，《日本家計研究史：わが国における家計調查の成立過程に関する研究》，頁 224。

第一階段的調查，臺灣並未納入受調範圍，臺灣參與的家計調查爲第二階段：決定米穀價格而展開的調查。1930 年代之後，米價問題成爲日本社會注目的焦點，1931 年 2 月，「米穀法改正委員會」召開，會中決定，制訂標準米價最重要的兩大要素是米穀生產費和家計費，因此決定執行「米穀生產費調查」和「家計費調查」〔註 16〕。隨之，內閣公佈「家計調查施行規則」和「家計調查施行細則」兩法規，並定於 1931 年 9 月 1 日至 1932 年 8 月 31 日，以一年時間，在東京、大阪、名古屋、廣島、八幡、長崎、德島、金澤、仙臺、札幌等十大都市，選定 2,000 個白領階級和勞工家庭實施調查〔註 17〕。

根據米穀法之規定，政府每年必須公定米穀最低和最高價格，其中最高價格是以家計費爲基礎算出，也就是以家庭一年間所消費的米資，算定一石米最高價格，作爲判定米穀的公定基準價格〔註 18〕，換言之，家計調查結果，將決定未來米價，關係米價對策〔註 19〕，對米穀價格公定佔有不可或缺的角色。

由上可知，爲定出合理價格的米穀費用，內閣統計局決定於 1931 年實施家計調查〔註 20〕。不過，當家計調查在日本引起風潮時，總督府雖定期派員至東京參加地方官統計會議，並參與討論家計調查的制訂，卻從未在台灣實施〔註 21〕。至 1933 年，中央廢止米穀法，通過米穀統制法，並規定必須定期實施家計調查〔註 22〕，總督府仍然錯過四回，直到 1937 年，臺灣才搭上家計調查的列車。1937 年 1 月，總督府官房調查課以 7 萬 1,000 圓預算額，展開臺灣家計調查的籌備工作〔註 23〕。

〔註 16〕〈家計調查の實施と利用〉，《統計集誌》599 號（1931.5），頁 89；〈米穀生產費と家計費調查〉，《統計集誌》596 號（1931.2），頁 76～77。
〔註 17〕〈家計調查關係諸法規〉，《統計時報》，36 號（1931），頁 121。
〔註 18〕〈統計局爲米問題 選定十都市兩千戶 將行家計調查〉，《臺灣日日新報》，11188 號，1931 年 6 月 6 日，4 版。
〔註 19〕〈初回家計調查 十日午後發表〉，《臺灣日日新報》，1931 年 9 月 10 日，8 版。
〔註 20〕大竹孟，〈臺灣における家計調查に就て（上）〉，頁 1。
〔註 21〕1931 年 6 月，至東京參加會議的是官房調查課統計官是原口竹次郎，參〈地方官統計會議〉，《統計集誌》，600 號（1931.6），頁 92～97。
〔註 22〕〈米穀統制法制定米穀法廢止〉，《御署名原本》，昭和，法律，1933 年 3 月。
〔註 23〕在此之前，臺灣僅實施過小規模的農家家計調查，與因減薪問題而實施的警察家計調查，此外並無大規模實施家計調查的經驗。參〈愈よ家計調查 常夏の樂土か否か 臺灣生活を解剖 先づ一千世帶を選んで來年度から督府で實施〉，《臺灣日日新報》，1937 年 1 月 13 日，7 版。

（二）臺灣家計調查的準備

　　為了配合母國政策，作為社會政策的參考〔註 24〕，臺灣也開始展開家計調查的準備，調查擔當人員是統計官大竹孟。1937 年 5 月，大竹孟至東京參加地方統計課長會議，出席者包括日本各地方廳、府、市、縣，與臺灣總督府、朝鮮總督府、關東局、樺太廳、南洋廳等地，統計主事或統計調查課長。在 11、12 兩日的會議中，討論人口動態調查的整備方法、生計指數資料實際調查相關事項、1940 年國勢調查準備事項，以及家計調查注意事項等內容。

　　會議中，內閣書記官長指出，政府致力於各種政策設施的變革，作為基礎資料的各種統計調查自然無法置身事外，正確地實施統計更責無旁貸。生計費指數調查於歐美行之有年，內閣統計局基於多年努力，終於突破經費的限制，展開各種相關調查。會議中並提出如何選擇家計簿記入者、如何推薦家計簿記入者，以及如何記入家計簿等，調查方法上的注意事項〔註 25〕。於東京之行中，大竹孟亦考察日本家計調查的經驗，做為臺灣的參考。

　　大竹孟返臺後，隨即展開家計調查的籌備事宜，初步暫訂於 1937 年 10 月 1 日，針對臺北、新竹、臺中、臺南、高雄等，臺灣西部五州的白領階級、工廠勞工、交通勞工等，合計 1,000 個家庭實施調查〔註 26〕，希望能達成確定標準家計簿、明白臺灣小額收入戶家庭的經濟事項等兩大任務〔註 27〕。鑑於日本首次實施調查時，或因搬遷、生活產生變化等原因，最後完成者僅佔 82%，大竹孟亦有所得結果僅有 800 個家庭左右的心理準備。進而，基於臺灣的勞工階級大多沒有書寫能力，家計簿記入方法，為自計式或他計式，則需再研議〔註 28〕。

　　1937 年 8 月 6 日，官房調查課召開家計調查說明會，課長山本眞平指出，臺灣地區種族複雜，生活習性各有差異，日本人、臺灣人有各自的生活型態，既然總督府統治臺灣的根本方針是同化政策，為免各項施政上的遺憾，實施

〔註 24〕　〈今秋施行さる家計調查　社會政策上の基礎數字抽出〉，《臺灣日日新報》，1937 年 8 月 15 日，2 版。

〔註 25〕　〈內閣統計局に於ける地方統計課長會議〉，《統計集誌》671 號（1937.5），頁 81～89。

〔註 26〕　〈臺灣でも十月から家計調查を實施　勞働者及び給料生活者から一千世帶だけ選定〉，《臺灣日日新報》，1937 年 6 月 26 日，2 版。

〔註 27〕　大竹孟，〈臺灣における家計調查に就て（上）〉，頁 4～5。

〔註 28〕　〈臺灣でも十月から家計調查を實施　勞働者及び給料生活者から一千世帶だけ選定〉，《臺灣日日新報》，1937 年 6 月 26 日，2 版。

家計調查是必要之舉。家計調查範圍縱橫臺灣全島各職業、各種族及各階級，限定範圍在佔有臺灣大部分階層的白領階級和勞工階級〔註29〕。

1937 年 8 月，總督府正式公佈「臺灣家計調查規則」，成為臺灣家計調查的法源基礎，將調查地域決定為臺北市、基隆市、新竹市、臺中市、彰化市、臺南市、嘉義市、高雄市及屏東市等，臺灣九大區域，調查對象為該九都市的白領階級家庭、勞工家庭等。1937 年 9 月，官房調查課公佈「家計調查綱領」，略謂準備不及之故，調查時間延至 11 月 1 日至翌年 10 月 31 日〔註30〕。

二、調查內容與方法

（一）家計調查的內涵

臺灣家計調查的概念，來自於日本統計機關的研究基礎，日本的研究則是奠定於德國統計家恩格爾。

1895 年，恩格爾發表「比利時的勞工家族生活費」報告，指出人類對生活慾望的維持有一定的順位，第一位順位是維持肉體充足，也就是飲食、衣服、住家、燃料及燈火、保健衛生等；第二位是精神啟發、靈性修養、法的保護及公的安全、備災及救護、修養及快樂的持續等。恩格爾從社會政策的觀點，論述家計調查的重要性，更在國際統計協會中，發表著名的「恩格爾法則」〔註31〕，指出根據家族的貧困程度，總費用中食物的支出比例會增加。換言之，「恩格爾係數」係指家庭消費支出中，用於飲食類支出所占百分比，生活水準愈高者其恩格爾係數愈低〔註32〕，此論點成為家計調查最重要的概念。

日本方面，1884 年，杉亨二翻譯恩格爾的文章，以〈人生學抄譯〉一文發表，成為日本最早的家計研究〔註33〕。1890 年，杉亨二以「家為國之本」

〔註29〕 〈家計調查の事務打合せ けふも開く〉，《臺灣日日新報》，1937 年 8 月 7 日，7 版；〈台湾総督府部內臨時職員設置制中ヲ改正ス（家計調查、家屋稅創設準備二關スル事務ノ為職員設置）〉，《公文類聚》‧第六十一編‧昭和十二年‧第二十六卷‧官職二十四‧官制二十四（台湾総督府二），1937 年 8 月。

〔註30〕 大竹孟，〈臺灣における家計調查に就て（下）〉，《臺灣時報》10 月號（1937.10），頁 9。

〔註31〕 郡菊之助，《統計學發達史》，頁 85～86。

〔註32〕 森戶辰男，〈エンゲルの生涯と業績〉，頁 62～63；內海庫一郎、木村太郎、三潴信邦編，《統計學》，頁 175。

〔註33〕 多田吉三，《日本家計研究史：わが国における家計調查の成立過程に關する研究》，頁 34。

為題，在學士院會進行演講，陳述「家」作為立國基礎之重要性。杉亨二將家計費分為十二類，分別為：生養之費、身裝之費、借家之費、溫暖與光明之費、衛生之費、智慧之費、靈魂安養之費、外防與內安之費、預備之費、娛樂之費、家事照料之費，以及交通與臨時之費等〔註34〕，分類手法類似恩格爾。

　　隨後，1921年，國勢院統計官兼書記官長澤柳作〔註35〕，在國勢院機關刊物《統計時報》中，發表題為〈家計調查的必要及其機關〉的文章，強調為了明白家計的實態，由國家實施統一的家計調查乃為必要之舉〔註36〕。指出為了發揮家計調查特色，國家應盡快著手實施調查，制訂適切的調查計畫，做為國內外的最佳示範〔註37〕。

　　在長澤柳作的概念中，實施家計調查需注意幾點原則：首先、必需確定調查規模和實施地域：應選擇生產和消費經濟分離，與人群聚集的地方實施。第二、應選則具代表性的社會階級作為記入者家庭。第三、調查事項、家計簿樣式及記入方法，等格式必須統一。最後、調查和記入時間以持續一年最為理想。此外，家計調查員必須對調查有相當的理解，具備基礎智識，才足以擔當重任。

　　長澤柳作也談到，長期記帳對多數人來說頗為困難，雖然凱特勒企圖建立家計調查的統一規則，曾發起一家有16、12、6、2歲等年齡小孩的家庭，即為義務受調對象的先例。長澤柳作卻認為，受調者登記家計簿必須坦承無私，家計調查才能見其成效，若以法令強制實施則無效果，不如徵求對家計記載有自覺之人，理想的狀態為一家人口3～6人〔註38〕。長澤柳作對家計調

〔註34〕　杉亨二，〈家は國の本なり（上）〉，《スタチスチック雜誌》，57號（1890.12），頁540～548；杉亨二，〈家は國の本なり（下）〉，《スタチスチック雜誌》，58號（1891.1），頁2～15。

〔註35〕　長澤柳作1883年出生於靜岡縣，1912年畢業於東京法科大學經濟科，1913年擔任會計院書記，1921年起，擔任國勢院統計官兼書記官，承辦過國勢調查、勞働統計等業務，1924年，擔任內閣統計局審查課長，1925年接任農林省統計官，業務主力在家計調查、農業調查、勞働統計等各種經濟統計。參〈高等官履歷書〉，《国勢院引繼書類》（八ノ二）。

〔註36〕　長澤柳作，〈家計調查の必要およびその機關〉，《統計時報》，2號（東京：國勢院，1921），頁35。

〔註37〕　長澤柳作，〈家計調查の必要およびその機關〉，頁35、頁36。

〔註38〕　參長澤柳作，〈家計調查方法の範圍〉，《統計時報》5號（1923）；長澤柳作，〈家計調查の概要〉，《臺灣時報》2月號（1926.2）。

查頗爲熱心，陸續於各日本國內重要的統計刊物中，陳述對調查的看法，並於 1926 年，轉載於《臺灣時報》中發表。

總督府決定實施家計調查後，1937 年，大竹孟於《臺灣時報》中，連續發表兩期題爲「臺灣家計調查」的文章，陳述對臺灣實施家計調查的看法。大竹孟指出，家計調查是以統計數字表現家庭的收入和支出，表現日常生活的消費狀態，以佔國民最大部分的小額薪資階級之私經濟生活爲對象，調查其消費特性，究明其生活標準、生計和收入的關係、收入和支出的情形等〔註39〕。

家計調查結果有四項用途：其一、確定標準家計簿，成爲家庭收支均衡的指針；其二、確定標準生活費，成爲解決工資問題的資料；其三、明確家庭的消費狀態，圖謀消費合理化；其四、提供民眾的生活實態，作爲物價對策、社會建設的基礎資料等〔註40〕。調查結果可做爲州市個別觀察、州市個別比較觀察、產業或職業別比較觀察、收入階級比較觀察、種族別比較觀察，月別或時期別的比較觀察等，究明臺灣社會各地區人民的家計狀況〔註41〕。

由上可看出，大竹孟對家計調查的理念，與長澤柳作頗多類似，而前已提及，大竹孟任職過中央統計機關，其家計調查的方法和概念，可合理推測，應延續自日本。

（二）臺灣家計調查實施過程

1. 調查負責機關

臺灣家計調查執行機關，由中央至地方，分爲中央、州、市街庄等三個層級。中央機關由調查課執掌，事務官和統計官之下，設屬一人、雇十人，負責準備事務、指導監督，以及整理和編纂調查成果。地方由州知事負責，接受總督命令，承攬家計簿記入者的選擇和推薦、家計調查員和家計調查指導員的申請、家計簿及其他印刷物的印製、家計簿的檢查和提出、家計簿記入者的異動、記入中止情形的處理等事宜。市街庄負責人則爲市尹，市尹受州知事指揮監督，掌管家計調查的執行，負責募集家計簿記入者、指定家計調查員負責家庭、指導家計調查員和家計簿記入者、遞交家計簿或其他印刷品、家計簿的檢查和提出、家計簿記入者的轉移或異動的處理等。

〔註39〕 大竹孟，〈臺灣における家計調查に就て（上）〉，頁2。
〔註40〕 大竹孟，〈臺灣における家計調查に就て（上）〉，頁5。
〔註41〕 大竹孟，〈臺灣における家計調查に就て（下）〉，頁12。

此外，爲執行調查事務，各市街庄均有家計調查員，並設輔導調查的家計調查指導員。家計調查員是最重要的靈魂人物，受市街庄長監督，職務爲發送家計簿用紙、蒐集檢查及訂正家計簿、整理及提出家計簿，以及各種附帶事務等〔註42〕。

2. 調查對象的選擇

1931 年日本本土的家計調查，方法和內容雖沿襲自 1926 年，但因具有調查米價的直接動機，因此調查對象限定於白領階級和勞工，以白米爲主食的家庭〔註43〕。1937 年的臺灣家計調查也承襲此特點，大竹孟選擇的調查對象爲臺灣的白領階級和勞工。

前者包括官公吏、銀行會社員，以及教職員，計 400 戶；後者包含工場勞工 400 戶和交通勞工 200 戶，計 600 戶，總計 1,000 戶。大竹孟指出，以這些職業人口爲調查的對象，乃是因其具備各種便於調查的客觀條件。例如：礦工以實物替代工資的狀況頗多，且居住在都會區的礦工很少，不適合成爲觀察對象；按日計酬的勞工因收入不穩定，無法明確得知每月報酬，且住居移動率較高；農人則因生產經濟和消費經濟較難分辨，生活與土地生產力密切結合，消費習慣以實物經濟爲主，調查較爲困難〔註44〕，以上三種職業較不適合作爲觀察對象。

然而，並非所有白領階級和勞工均能成爲受調對象，必須具備以下條件：其一、戶主必須是白領階級、工場勞工及交通勞工。其二、每家每月平均收入達 40 圓至 150 圓。大竹孟指出，以當時臺灣白領階級平均月收入來看，官公吏、銀行會社員、教職員等職業人口以 60、70 圓至 140、50 圓者居多；勞工月薪則以 40、50 圓至 100 圓家庭占最多數，雖然本島人和內地人生活形態不同，但臺灣以小額所得者家庭居多，用是特別參酌臺灣特有的慣習，將月薪限定在 40 圓至 150 圓的家庭。其三、以戶主工作薪資作爲主要收入的家庭。

其四、沒有額外營業收入的家庭。其五、家庭成員 2～8 人。根據 1935 年國勢調查結果，臺灣家庭平均 5.8 人，較日本 5.1 人較高，且臺灣的家族關係與日本的家族關係不同，有大家族主義傾向，因此定最低 2 人，最高 8 人。其六、盡量不要有額外同居人的家庭：額外同居人對家計簿每日定期記入有

〔註42〕 〈台湾総督府部内臨時職員設置制中ヲ改正ス（家計調查、家屋税創設準備ニ関スル事務ノ爲職員設置）〉，1937 年 8 月。

〔註43〕 日本統計研究所，《わが国統計調查の体系：家計調查の発達》，頁 32。

〔註44〕 大竹孟，〈臺灣における家計調查に就て（下）〉，頁 4～5。

困難，影響該家庭正常的收支關係。其七、盡可能不要有幫傭。有幫傭的家庭無法調查正常消費狀態，也不符合以小額所得階級的經濟實態為目的之調查趣旨。其八、每月負擔合理房租的家庭等〔註45〕。總之，以大竹孟設計的家計調查實施綱要觀之，內容設計和考量沿襲自日本，惟考量臺灣當地特色，而做適度的變化。

家計調查規則公佈之後，官房調查課展開家計簿記入者招募作業，由上述九個地區的居民提出申請，申請書中載明戶主職業、戶主每月收入、家庭月收總額、是否有營業、一個月房租、家庭成員，包含姓名、出生年月日等資料〔註46〕。在總督府招募下，應募家庭頗為熱烈，申請成為家計調查觀察對象的家庭達 2,016 個，包括：1,188 個內地人家庭，828 個本島人家庭，分別佔 59.0%和 41.0%。在內地人家庭中，白領階級家庭申請數達 779 個，佔 65.6%，勞工家庭申請數 409 個，佔 34.4%；本島人家庭中，白領階級家庭申請數 381 個，佔 46.0%，勞工家庭申請數 447 個，佔 54.0%。換言之，白領階級申請者家庭以內地人家庭居多，而勞工申請者家庭則以本島人家庭居多〔註47〕。

就申請者所在地觀之，白領階級家庭申請者以臺北市最多，其次為臺南、臺中、新竹、嘉義、高雄、基隆等地。勞工家庭也以臺北市最多，其次則為臺南、新竹、臺中、高雄、基隆等地。以職業類別來看，白領階級家庭申請者，本島人和內地人相同，官公吏佔絕大多數。勞工家庭中，在內地人有 409 個家庭應徵，工場勞工家庭 259 個，佔 63.3%，交通勞工家庭 150 個，佔 36.7%；本島人應徵的 447 個家庭中，工場勞工家庭 277 個，佔 62.0%，交通勞工家庭 170 個，佔 38.0%〔註48〕。

來自臺灣四面八方的應募者，由各州審查確認資格無誤後，才可推薦至總督府。經由評選，總共 1,442 個家庭被推薦，包括：內地人家庭 838 個，本島人家庭 604 個，分別佔 51.8%和 41.9%。最後，由官房調查課做最後的篩選，考量月收入、階級、產業、職業比例等客觀條件，正式選定白領階級家庭 444 個、工場勞工家庭 354 個、交通勞工家庭 118 個，通信勞工 84 個，總計 1,000 個家庭，做為家計調查的觀察家庭，內地人、本島人家庭各佔半數。惟白領

〔註45〕 大竹孟，〈臺灣における家計調查に就て（下）〉，頁 5～7。
〔註46〕 大竹孟，〈臺灣における家計調查に就て（下）〉，頁 9～10。
〔註47〕 調查課長，〈家計調查に就て〉，《臺灣時報》12 月號（1937.12），頁 122～123。
〔註48〕 調查課長，〈家計調查に就て〉，頁 123。

階級和交通勞工家庭比例本島人稍多，工場勞工家庭比例以內地人稍多，此乃是因本島人工場勞工家庭的推薦數較少之故（參表 6-1-1　1937 年臺灣家計調查都市別選定家庭數）〔註49〕。

表 6-1-1　1937 年臺灣家計調查都市別選定家庭數

市　別	總　數	內地人家庭					本島人家庭				
		總數	白領階級	工場勞工	運輸勞工	通信勞工	總數	白領階級	工場勞工	運輸勞工	通信勞工
總　數	1,000	500	220	187	45	48	500	224	167	73	36
臺北市	322	157	70	55	12	20	165	83	67	7	8
基隆市	105	60	25	15	10	10	45	25	13	5	2
新竹市	81	36	15	10	8	3	45	17	9	16	3
臺中市	100	50	20	24	4	2	50	20	23	4	3
彰化市	31	17	8	3	4	2	14	7	——	5	2
臺南市	137	68	33	30	1	4	69	30	19	4	16
嘉義市	60	27	12	12	1	2	33	15	4	14	——
高雄市	123	66	27	31	4	4	57	18	25	13	1
屏東市	41	19	10	7	1	1	22	9	7	5	1

資料來源：調查課長，〈家計調查に就て〉，《臺灣時報》10 月號（1937.12），頁 124～125。

3. 家計簿的設計

此次家計調查為家計簿式調查〔註50〕，根據官房調查課編製的家計簿，每日由家計調查員記載當天收入、支出等事項，依照記入事項編製統計表〔註51〕。家計簿每月一本，封面為戶主的地址與調查編號，封裡為家族關係表，記載家族關係、家人性別、出生年月日、婚姻關係及職業等內容。第一頁為每日記載例，第二頁為上月的結餘，記入事項為金額、實物、數量等。第 3 至 4 頁為當月收入和支出的記錄，收入分為金額和實物兩類，

〔註49〕 調查課長，〈家計調查に就て〉，頁124。
〔註50〕 調查課長，〈家計調查に就て〉，頁122。
〔註51〕 大竹孟，〈臺灣における家計調查に就て（上）〉，頁4。

具體載入金額、種類及數量。支出則分為現金、實物，具體載入金額、種類、數量用途等，最後則為餘額，封底為至下個月的結餘，背面則為家計調查員的地址和姓名（參圖 6-1-1　家計簿封面、圖 6-1-2　家計簿封裡、圖 6-1-3　家計簿第一頁、圖 6-1-4　家計簿第二頁、圖 6-1-5　家計簿第三頁、圖 6-1-6　家計簿封底）〔註52〕。

圖 6-1-1　家計簿封面

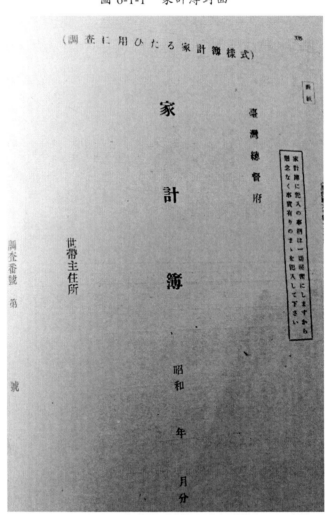

資料來源：臺灣總督府官房企畫部，《旧殖民地家計調查集 1》（臺北：該部，1940），頁 335。

〔註52〕臺灣總督府官房企畫部，《旧殖民地家計調查集 1》（臺北：該部，1940），頁 36～338。

圖 6-1-2　家計簿封裡

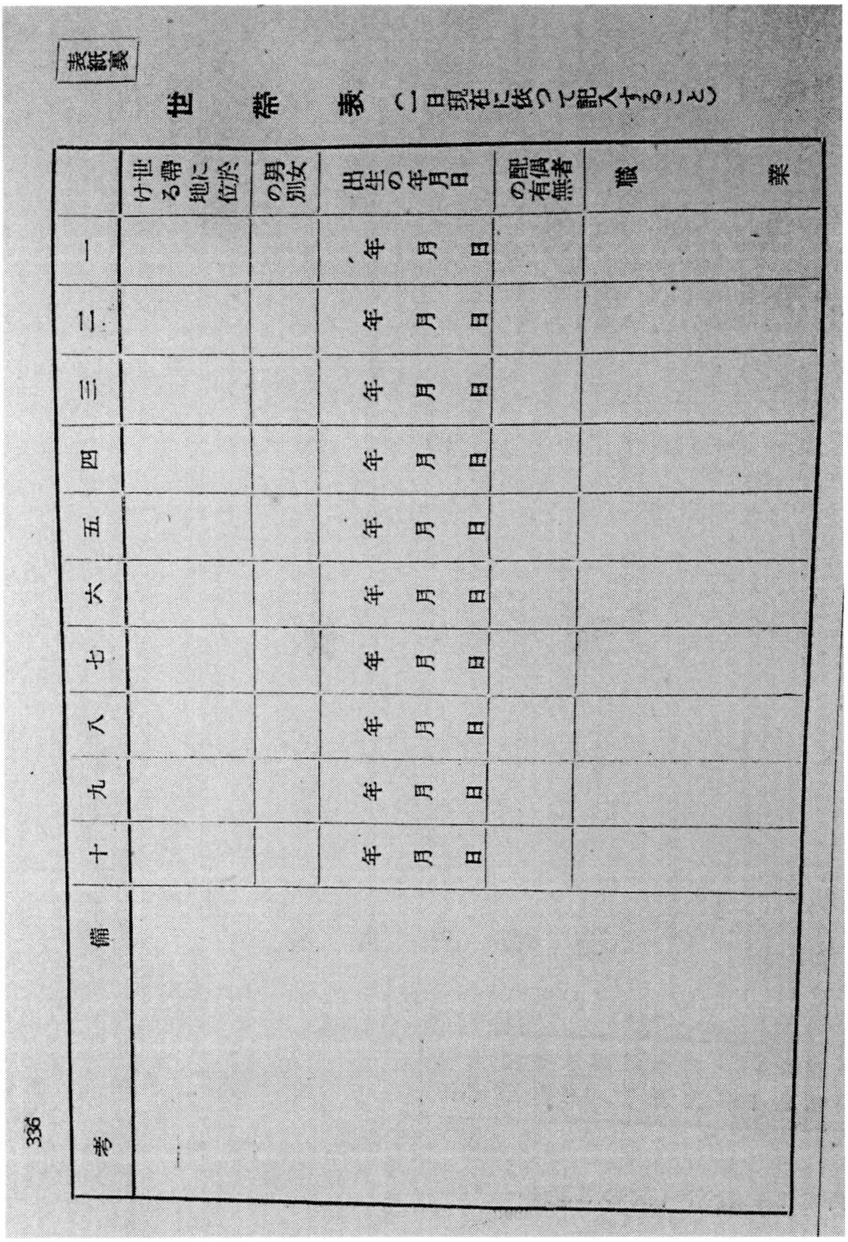

表紙裏

世帯表（一日現在に依つて記入すること）

	世帯に於ける地位	男女の別	出生の年月日	配偶の有無	職業
一			年 月 日		
二			年 月 日		
三			年 月 日		
四			年 月 日		
五			年 月 日		
六			年 月 日		
七			年 月 日		
八			年 月 日		
九			年 月 日		
十			年 月 日		
備考					

336

資料來源：臺灣總督府官房企畫部，《旧殖民地家計調查集 1》（臺北：該部，1940），頁 336。

圖 6-1-3　家計簿第一頁

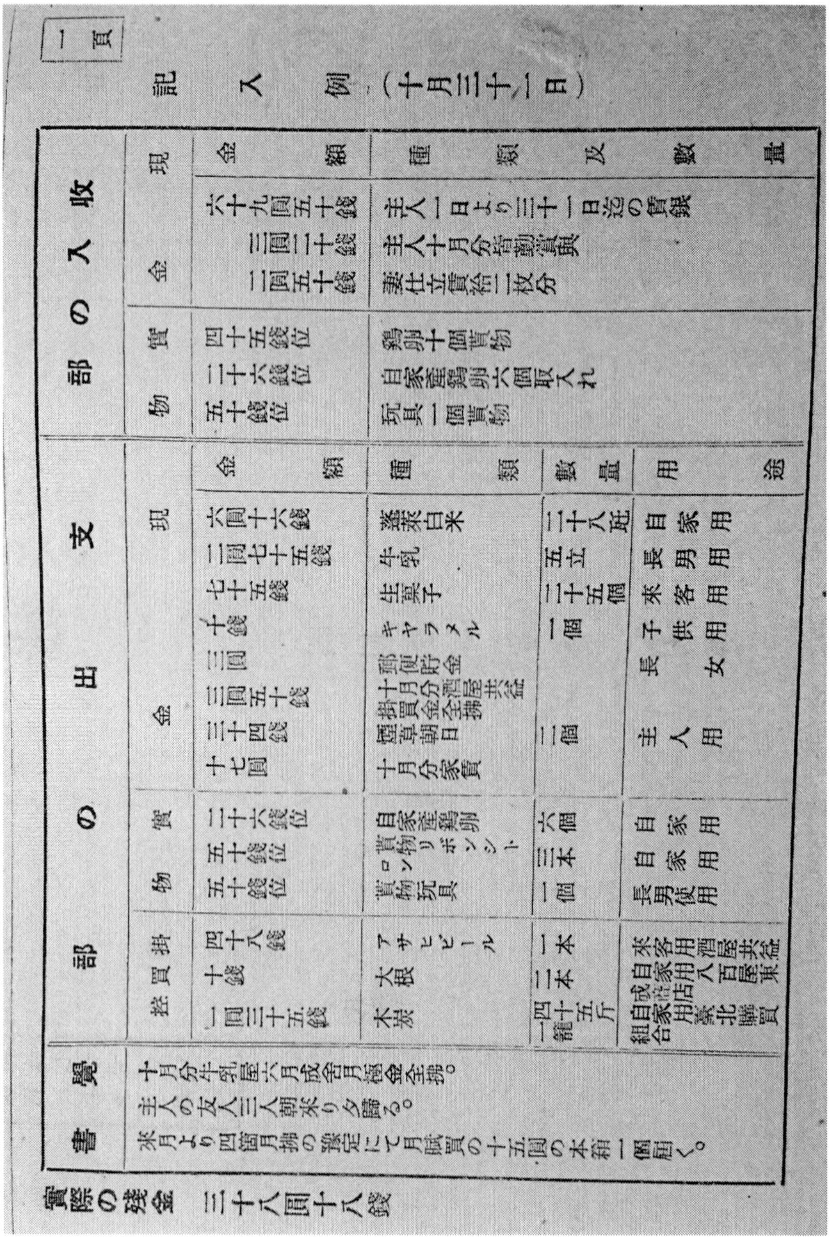

一頁

記　入　例（十月三十一日）

收入の部

金額	種類及數量
（現金）六十九圓五十錢	主人ヨリ三十一日迄ノ賣錢
三圓二十錢	主人十月分ノ賞與貰
二圓五十錢	麥仕立賣給ニ改分
（物）四十五錢位	鷄卵十個實物
二十六錢位	自家産鷄卵六個取入レ
五十錢位	玩具一個實物

支出の部

金額	種類	數量	用途
（現）六圓十六錢	蓋菜白米	二十八延	自家用
二圓七十五錢	牛乳	五立	主男用
七十五錢	生菓子	二十五個	來客用
十錢	キャラメル	一個	供女用
三圓五十錢	年掛十月分貯金	一個	長子用
三十四錢	草鞋買入月分實費		女用
十七圓	十月分家賃		主人用
（物）二十六錢位	買ヒ物實物自家産鷄卵	六個	自家用
五十錢位	買ヒ物玩具	一本	長男使用
（掛買）十四錢	大根アサヒビール	三本	自家或ハ來客用
一圓三十五錢	木炭	十五斤	組合自家酒店用百屋東北賣買

覺書
主人ノ女ハ三人賄ヒ成舍月十月分牛乳屋六月成金勘ニ。米月ヨリ四圓掛ノ豫定ニ十月賣買ノ十五間ノ木箱一個買ク。

實際の殘金　三十八圓十八錢

資料來源：臺灣總督府官房企畫部，《舊殖民地家計調查集 1》（臺北：該部，1940），頁 336。

圖 6-1-4 家計簿第二頁

資料來源：臺灣總督府官房企畫部，《旧殖民地家計調查集 1》（臺北：該部，1940），頁 337。

圖 6-1-5　家計簿第三頁

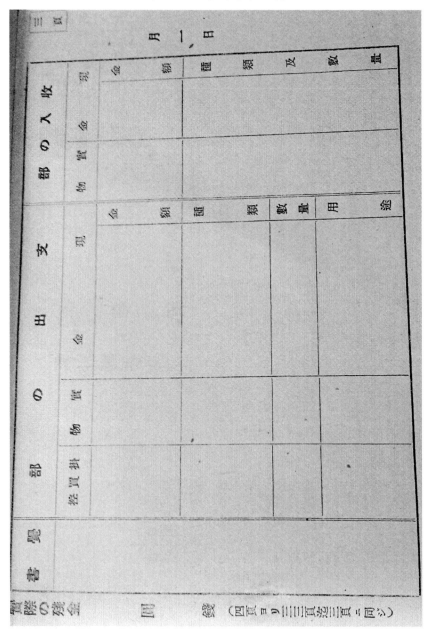

資料來源：臺灣總督府官房企畫部，《旧殖民地家計調查集 1》（臺北：該
　　　　　部，1940），頁 338。

圖 6-1-6　家計簿封底

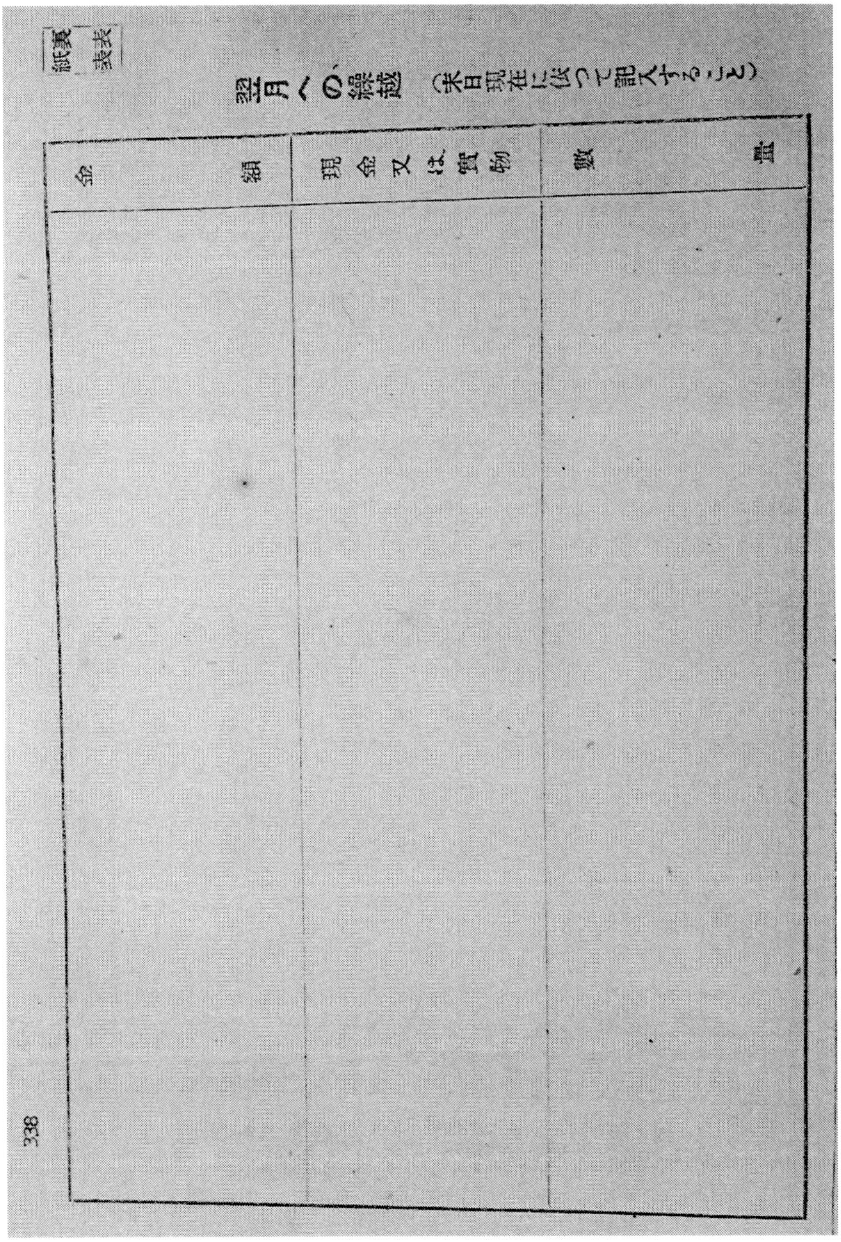

習月への繰越（末日現在に従って記入すること）			
裏表紙 訂裏			
金　　　額	現金又は質物	數	量

資料來源：臺灣總督府官房企畫部，《旧殖民地家計調查集 1》（臺北：該
　　　　　部，1940），頁 338。

　　每月底，家計調查員會將家計簿送到官房調查課，由官房調查課官員
先作暫時的小計算。至 1938 年 10 月 31 日，最後一批家計簿送達後，11
月 1 日起，開始展開家計簿資料的統整工作。官房調查課最後採用了 745
個家庭的家計簿，255 個家庭記入中止，中止率爲 16%，中止原因則爲戶
長死亡、地區外轉出、家族事故、轉職、失業等因素，調查的中止率頗低，
顯示調查成績頗爲出色。就各市中止率來看，屏東 26.8%佔第一位，依序
爲高雄的 18.7%、臺南的 18.2%、基隆的 17.1%、臺中 14.0%、臺北 14.5%、
彰化 12.9%等（參表 6-1-2　1931 年日本家計調查與 1937 年臺灣家計調查
之比較）〔註 53〕。

表 6-1-2　1931 年日本家計調查與 1937 年臺灣家計調查之比較

	1931 年日本家計調查	1937 年臺灣家計調查
主導者	內閣統計局	臺灣總督府官房調查課
調查時間	1931 年 9 月 1 日至 1932 年 8 月 31 日	1937 年 11 月 1 日至 1938 年 10 月 31 日
調查對象	1. 白領階級（官公吏、銀行會社員、教職員） 2. 勞工（工廠勞工、交通勞工）	1. 白領階級（官公吏、銀行會社員、教職員） 2. 勞工（工廠勞工、交通勞工）
調查地域	東京、大阪、名古屋、廣島、八幡、長崎、德島、金澤、仙台、札幌等十都市	臺北、基隆、新竹、臺中、彰化、臺南、嘉義、高雄、屏東等九都市
調查家庭數	2,000 個家庭	1,000 個家庭
調查方法	家計簿式調查	家計簿式調查

資料來源：大竹孟，〈臺灣における家計調查に就て（下）〉，《臺灣時報》10 月號
　　　　　（1937.10）；日本統計研究所，《わが国統計調查の体系：家計調查の発達》
　　　　　（東京：行政管理廳，1959.3）等整理而成。

三、調查報告中的臺灣人家計

（一）採用家庭的組成

1940 年 3 月，由官房企畫部發表《家計調查報告書》，除了統計表的記

〔註 53〕　〈臺灣の家計調查　內地より好成績　記入中止世帶率は一割六分〉，《臺灣日
　　　　　日新報》，13819 號，1938 年 11 月 8 日，2 版。

－246－

述外，還輯錄調查時使用的家計簿樣式、調查的收入和支出情形等。全書分為「調查要綱」、「結果概要」及「統計表」等三大部分，首先簡單論述該調查之經緯；接著，分白領階級及勞工兩部分，分別記載各收入階級家庭、實收入、實支出、總收入和總支出等內容，並與日本同年度家計調查結果相比較。最後，則是各項內容的統計表格，分為內地人和本島人兩部分。

　　根據《家計調查報告書》的資訊，調查最後總共採用 745 個家庭為樣本，包含 355 個內地人家庭、390 個本島人家庭。內地人家庭中，白領階級家庭 151 個、勞工家庭 204 個；本島人家庭中，白領階級家庭 179 個、勞工家庭 211 個〔註54〕。151 個內地人白領階級家庭中，總人數 551 人，家庭平均人口 3.64 人，包含官公吏家庭 69 個，人數總計 244 人，家庭平均人數 3.53 人；銀行會社員家庭 40 個，人數總計 164 人，家庭平均人口 4.10 人；教職員家庭 42 個，人數總計 143 人，家庭平均人口 3.4 人。179 個本島人白領階級家庭中，總人口數 903 人，平均家庭人口 5.04 人，包含官公吏家庭 72 個，人口總計 382 人，家庭平均人口 5.31 人；銀行會社員家庭 63 個，人口總計 310 人，家庭平均人口 4.92 人；教職員家庭 44 個，人口總計 211 人，家庭平均人口 4.8 人〔註55〕。

　　其次，該報告採用內地人勞工家庭 204 個，人數總計共 808 人，家庭平均人口 3.98 人，包含工場勞工家庭 129 個，人數總計 529 人，家庭平均人口 4.11 人；交通勞工者家庭 75 個，人數總計 279 人，家庭平均人口數為 3.74 人。本島人勞工家庭採用 211 個，人數總計 1,134 人，家庭平均 5.39 人，其中，工場勞工家庭 127 個，人數總計 696 人，家庭平均人口 5.48 人，交通勞工家庭 84 個，人數總計 438 人，家庭平均人口 5.21 人。由上可知，不論是白領階級或勞工階級，本島人家庭平均人口數均較內地人家庭多（參表 6-1-3　1937 年臺灣家計調查採用家庭狀況）〔註56〕。

〔註54〕臺灣總督府官房企畫部，《旧殖民地家計調查集 1》，頁 3。
〔註55〕臺灣總督府官房企畫部，《旧殖民地家計調查集 1》，頁 3～14。
〔註56〕臺灣總督府官房企畫部，《旧殖民地家計調查集 1》，頁 42～44。

表 6-1-3　　1937 年臺灣家計調查採用家庭狀況

	白領階級						勞工			
	本島人			內地人			本島人		內地人	
	官公吏家庭	銀行會社員家庭	教職員家庭	官公吏家庭	銀行會社員家庭	教職員家庭	工廠勞工	交通勞工	工廠勞工	交通勞工
家庭數	72	63	44	69	40	42	127	84	129	75
	179			151			211		204	
總人口數	382	310	211	244	164	143	696	438	529	279
	903			551			1,134		808	
家庭平均人數	5.31	4.92	4.8	3.53	4.10	3.40	5.48	5.21	4.11	3.74
	5.04			3.64			5.39		3.98	

資料來源：根據臺灣總督府官房企畫部，《旧殖民地家計調查集 1》，頁 3、頁 42 整理而成。

（二）收入情形

1. 白領階級家庭

在官房企畫部〔註57〕出版的《家計調查報告書》中，將收入以每 10 圓區分為一等級，未滿 40 圓至 150 圓以上總共區分為 13 等級。調查報告顯示，內地人白領階級家庭，並未發現月收入 60 圓以下的家庭，3 個家庭收入未滿 70 圓，佔 1.99%；8 個家庭未滿 80 圓，佔 5.3%；9 個家庭未滿 90 圓，佔 5.9%；22 個家庭未滿 100 圓，佔 14.57%；15 個家庭未滿 110 圓，佔 9.93%；16 個家庭未滿 120 圓，佔 10.6%；13 個家庭未滿 130 圓，佔 8.61%；11 個家庭未滿 140 圓，佔 7.28%；8 個家庭未滿 150 圓，佔 11.92%；36 個家庭月收入 150 圓以上，佔 23.84%。

本島人白領階級家庭中，未發現月收入低於 40 圓的家庭，4 個家庭未滿 50 圓，佔 2.23%；7 個家庭未滿 60 圓，佔 3.91%；18 個家庭未滿 70 圓，佔 10.06%；37 個家庭未滿 80 圓，佔 20.67%；23 個家庭未滿 90 圓，佔 12.85%；26 個家庭未滿 100 圓，佔 14.53%；14 個家庭未滿 110 圓，佔 7.28%；13 個家庭未滿 120 圓，佔 7.26%；16 個家庭未滿 130 圓，佔 8.94%；2 個家庭未滿 140 圓，佔 1.12%；5 個家庭未滿 150 圓，佔 2.97%；14 個家庭月收入 150 圓以上，佔 7.82%。由上可知，本島人白領階級月收入以 70～80 圓較多，內地人白領

〔註57〕官房企畫部係由官房調查課改制而成，詳參「第六章第二節」的說明。

階級月收入以 150 圓以上較多，內地人白領階級薪資高於本島人家庭（參表 6-1-4　1937 年臺灣家計調查收入情形）。

表 6-1-4　1937 年臺灣家計調查收入情形（單位：家庭）

	1937 年臺灣家計調查結果				1937 年日本家計調查結果	
	白領階級		勞工		白領階級	勞　工
	本島人	內地人	本島人	內地人		
總　數	179（100%）	151（100%）	211（100%）	204（100%）	562（100%）	1,039（100%）
40 圓未滿	0（0%）	0（0%）	5（2.37%）	0（0%）	0（0%）	0（0%）
50 圓未滿	4（2.23%）	0（0%）	17（8.06%）	0（0%）	0（0%）	5（0.4%）
60 圓未滿	7（3.91%）	0（0%）	67（31.75%）	4（1.96%）	3（0.5%）	22（2.1%）
70 圓未滿	18（10.06%）	3（1.99%）	46（21.8%）	11（5.39%）	15（2.8%）	94（9%）
80 圓未滿	37（20.67%）	8（5.03%）	24（11.38%）	24（11.77%）	60（1%）	135（12%）
90 圓未滿	23（12.85%）	9（5.9%）	26（12.32%）	31（15.2%）	87（15%）	196（18%）
100 圓未滿	26（14.53%）	22（14.57%）	12（5.69%）	37（18.14%）	111（19%）	175（16%）
110 圓未滿	14（7.28%）	15（9.93%）	6（2.84%）	38（18.63%）	100 圓以上	286（47%）	411（39%）
120 圓未滿	13（7.26%）	16（10.6%）	4（1.9%）	19（9.31%）		
130 圓未滿	16（8.94%）	13（8.61%）	1（0.47%）	16（7.84%）		
140 圓未滿	2（1.12%）	11（7.28%）	3（1.42%）	12（5.88%）		
150 圓未滿	5（2.97%）	8（11.92%）	0（0%）	1（0.49%）		
150 圓以上	14（7.82%）	36（23.84%）	0（0%）	11（5.39%）		

資料來源：根據臺灣總督府官房企畫部，《舊殖民地家計調查集 1》，頁 23～25；〈家計調查結果概要〉，《統計時報》，89 號（1939），頁 1～9 整理而成。

此外，以白領階級家庭月平均收入來看，內地人家庭月平均收入 127.01 圓，本島人家庭平均月收入 96.52 圓。以職業別來看，內地人官公吏家庭月平均收入 119.66 圓，本島人官公吏家庭月平均收入 94.16 圓；內地人銀行會社家庭月平均收入 140.76 圓、本島人銀行會社家庭月平均收入 105.26 圓；內地人教職員家庭月平均收入 126.05 圓、本島人教職員家庭月平均收入 87.86 圓﹝註 58﹞。要之，內地人家庭收入高於本島人家庭，以教職員家庭最為明顯，而根據 1937 年日本家計調查結果，日本的白領階級家庭平均月收入 100.9 圓，官公吏家庭平均月收入 97.95 圓，比內地人官公吏家庭收入稍低，比本島人官公吏家庭收入較高；銀行會社員家庭平均月收入 107.75 圓、教職員家庭平均月收入 97.7 圓等，亦顯示同樣的情形（參表 6-1-5　1937 年臺灣家計調查白領階級收入情形）。

表 6-1-5　1937 年臺灣家計調查白領階級收入情形（單位：圓）

	1937 年臺灣家計調查成果		1937 年 日本家計調查成果
	本島人家庭	內地人家庭	
平均月收入	96.52	127.01	100.9
官公吏家庭	94.16	119.66	97.95
銀行會社家庭	105.26	140.76	107.75
教職員家庭	87.86	126.05	97.7

資料來源：根據臺灣總督府官房企畫部，《旧殖民地家計調查集 1》，頁 15～21；〈家計調查結果概要〉，《統計時報》，89 號（1939），頁 1～9 整理而成。

2. 勞工家庭

勞工家庭方面，以每 10 圓區分為一等級，未滿 60 圓至 150 圓以上總共區分為 11 等級。內地人家庭在該次調查中，未發現月收入 50 圓以下的家庭，4 家庭未滿 60 圓，佔 1.96%；11 家庭未滿 70 圓，佔 5.39%；24 家庭未滿 80 圓，佔 11.77%；31 家庭未滿 90 圓，佔 15.2%；37 家庭未滿 100 圓，佔 18.14%；38 家庭未滿 110 圓，佔 18.63%；19 家庭未滿 120 圓，佔 9.31%；16 家庭未滿 130 圓，佔 7.84%；12 家庭未滿 140 圓，佔 5.88%；1 家庭未滿 150 圓佔 0.49%；

﹝註 58﹞ 臺灣總督府官房企畫部，《旧殖民地家計調查集 1》，頁 15、19～20；〈家計調查結果概要〉，《統計時報》，89 號（1939），頁 1～9。

11 家庭月收入 150 圓以上，佔 5.39%。

本島人勞工家庭方面，收入較內地人勞工家庭低。5 家庭月收入未滿 40 圓，佔 2.37%；17 家庭未滿 50 圓，佔 8.06%；67 個家庭未滿 60 圓，佔 31.75%；46 家庭未滿 70 圓，佔 21.8%；24 家庭未滿 80 圓，佔 11.38%；26 家庭未滿 90 圓，佔 12.32%；12 家庭未滿 100 圓，佔 5.69%；6 家庭未滿 110 圓，佔 2.84%；4 家庭未滿 120 圓，佔 1.9%；1 家庭未滿 130 圓，佔 0.47%；3 家庭未滿 140 圓，佔 1.42%，月收入 140 圓以上之家庭則未見（參表 6-1-4　1937 年臺灣家計調查收入情形）。

就職業與收入情形觀之，內地人工場勞工家庭平均月收入 100.61 圓，本島人工場勞工家庭平均月收入為 66.23 圓；內地人交通勞工家庭平均月收入 103.03 圓，本島人交通勞工家庭平均月收入 70.76 圓。要言之，從調查報告可知，本島人勞工基本薪資較內地人勞工低，且本島人勞工平均月薪遠不及內地人勞工〔註 59〕。

（二）支出情形

大竹孟參照日本家計調查的模式，將臺灣人的每月生活支出，分為三大類，分別為第一生活費、第二生活費及第三生活費。第一生活費：係指飲食物費、住居費、光熱費、服裝費等生活必須費用。第二生活費：係指保健、衛生費、育兒費、教育費、交通費、通信費、搬運費、文具費、及負擔費等社會生活費。第三生活費：係指交際費、修養費、娛樂費，以及旅行費等文化費〔註 60〕。根據家計調查結果，1937 年至 1938 年間，台灣家庭支出情形如下：

1. 白領階級家庭

就白領階級家庭每月支出來看，內地人家庭月支出 110.67 圓，佔收入 87.22%。以支出的分配比例來看，飲食物費 34.44.圓，佔 31.11%；住居費 20.45 圓，佔 18.48%；服裝費 12.25 圓，佔 11.07%；光熱費 5.16 圓，佔 4.66%；社會生活費 15.86 圓，佔 14.34%；文化費 17.78 圓，佔 16.07%。反之，本島人家庭一個月支出 87.66 圓，佔收入 90.82%，以支出分配比例來看，飲食物費 34.65 圓，佔 39.53%；住居費 12.73 圓，佔 14.53%；服裝費 8.97 圓，佔 10.23%；光熱費 4.01 圓，佔 4.57%；社會生活費 14.74 圓，佔 16.82%；文化費 9.41 圓，

〔註 59〕　臺灣總督府官房企畫部，《旧殖民地家計調查集 1》，頁 56；〈家計調查結果概要〉，《統計時報》，89 號（1939），頁 1～9。

〔註 60〕　臺灣總督府官房企畫部，《旧殖民地家計調查集 1》，頁 23～25。

佔 10.73%。要之，就白領階級生活必要費、社會生活費及文化費的消費內容來看，本島人家庭在生活必要費及社會生活費花費比例較高，內地人家庭則在文化費花費比例較高（參表 6-1-6　1937 年臺灣家計調查支出情形）。

2. 勞工家庭

就勞工家庭每月支出來看，臺灣的內地人勞工家庭平均每月支出 88.84 圓，佔其收入的 87.53%。若以支出的分配比例來看，飲食物費為 32.93 圓，佔 37.07%；住居費為 14.27 圓，佔 16.05%；光熱費為 3.71 圓，佔 4.17%；服裝費為 9.29 圓，佔 10.4%；社會生活費為 13.24 圓，佔 14.9%；文化費為 11.53 圓，佔 12.98%。另一方面，就本島人勞工家庭而言，平均每月支出為 65.82 圓，是收入的 96.75%。若以各項支出分配比例來看，飲食物費為 34.05 圓，佔 51.73%；住居費為 7.06 圓，佔 10.73%；光熱費為 3.48 圓，佔 5.29%；服裝費為 6.02 圓，佔 9.41%；社會生活費為 8.76 圓，佔 13.3%；文化費為 4.32 圓，佔 6.57%。

再就內地人勞工家庭和本島人勞工家庭支出情形來看，內地人勞工家庭在住居費、光熱費、服裝費佔有較高比例，本島人則在飲食物費和光熱費佔有較高比例 [註61]。進而，從 1937 年日本家計調查結果中可知，日本當地勞工家庭月平均支出為 81.09 圓，佔收入 84.93%，比臺灣的內地人勞工家庭還低；其中，飲食物費為 32.7 圓，佔 40.4%；住居費為 12.6 圓，佔 15.6%；光熱費為 4.07 圓，佔 5.02%；服裝費為 8.42 圓，佔 10.39%；社會生活費為 10.05 圓，佔 12.39%；文化費為 10.97 圓，佔 13.53%（參表 6-1-6　1937 年臺灣家計調查支出情形）[註62]。

表 6-1-6　1937 年臺灣家計調查支出情形（單位：圓）

| | 1937 年臺灣家計調查結果 | | | | 1937 年日本家計調查結果 | |
| | 白領階級 | | 勞　工 | | 白領階級 | 勞　工 |
	本島人	內地人	本島人	內地人		
支出總額	87.66（100%）	110.67（100%）	65.82（100%）	88.84（100%）	89.17（100%）	81.09（100%）

〔註61〕臺灣總督府官房企畫部，《旧殖民地家計調查集 1》，頁 56～57。

〔註62〕臺灣總督府官房企畫部，《旧殖民地家計調查集 1》，頁 56～57；〈家計調查結果概要〉，《統計時報》，89 號（1939），頁 1～9。

生活必須費用	飲食費	34.65（39.53%）	34.44（31.11%）	34.05（51.73%）	32.93（37.07%）	31.96（35.84%）	32.7（40.4%）
	住居費	12.73（14.53%）	20.45（18.48）	7.06（10.73%）	14.27（16.05%）	15.27（17.12%）	12.6（15.6%）
	服裝費	8.97（10.23%）	12.25（11.07%）	6.02（9.41%）	9.29（10.46）	10.11（11.34%）	8.42（10.39%）
	光熱費	4.01（4.57%）	5.16（4.66%）	3.48（5.29%）	3.71（4.17%）	4.75（5.33%）	4.07（5.02%）
社會生活費		14.74（16.82%）	15.86（14.34%）	8.76（13.3%）	13.24（14.9%）	11.88（13.32%）	10.05（12.39%）
文化費		9.41（10.73%）	17.78（16.07%）	4.32（6.57%）	11.53（12.98%）	13.13（14.73%）	10.97（13.53%）
其　他		3.15（3.59%）	4.73（4.27%）	2.13（3.24%）	3.87（4.37%）	2.07（2.32%）	2.15（2.65%）

資料來源：根據臺灣總督府官房企畫部，《舊殖民地家計調查集 1》，東京：青史社復刻，2000 年 3 月；〈家計調查結果概要〉，《統計時報》，89 號（1939），頁 1～9 整理而成。

　　以上究明 1937 年臺灣家計調查的實施及成果，足以顯示 1937 年時臺灣住民的收入和支出情形，以及本島人和內地人的消費意向。在西方統計家的研究概念中，家計調查原來帶有社會福利的責任，主要係因防貧而實施，日本統計家進行家計調查之契機，也同樣基於關切日本的貧富問題而開展。但就殖民地臺灣的情形來說，相較於人口調查、犯罪統計或資源調查等，早於母國或與母國同步實施，家計調查則較日本晚 11 年，可見比起上述調查，殖民當局不認為臺灣實施家計調查具有迫切性。此外，相較於日本為解決貧富問題、米價問題而展開家計調查，臺灣實施的原因則不甚明確，甚至可說僅是跟隨母國為實施而實施，因此，調查結果除反應當時台灣住民的生活實態外，是否可真切地作為解決社會問題的參考資料，仍有待商榷和評估。

　　進而，官房調查課執行臺灣家計調查的時機，正是中日關係最為緊張的七七事變爆發後一個月。家計調查籌備需一年的時間，雖然實施的原因應與事變本身無關，不過，家計調查是為瞭解臺灣民生消費，就調查性質而言，可說是物資動員的前奏曲，與接下來官房企畫部時期實施的統計調查似有呼應之處。

第二節　統計機關的變遷

　　1937 年 7 月 7 日，駐守中國華北的日軍在北平宛平縣城外的盧溝橋演習時，以士兵失蹤爲藉口進攻宛平，因此爆發著名的「七七事變」，同年 8 月 5 日，日本片面宣稱中日展開全面戰爭，此一不宣而戰的戰爭，揭開了日本戰時體制的序幕。爲此，日本進行許多不同於以往的措施，各項因應戰爭體制的部署也因此展開。指標之一，即是設置企畫院，作爲戰時體制中樞機關，臺灣總督府則是與日本相呼應，將官房調查課改制爲官房企畫部，作爲臺灣地區聯絡的中樞，更於 1941 年 1 月，將官房企畫部擴大，自官房中獨立成爲企畫部，以下論述戰爭時期統計機關的變遷、人事及統計業績。

一、統計機關改制的背景

　　官房企畫部成立的背景和原因，與日本對外局勢密切相關，先是 1935 年 5 月，日本於內閣設內閣調查局，作爲國策調查機關，繼之，該機構又於 1937 年 5 月，改組爲企畫廳。7 月 7 日，七七事變爆發，日本政治體系急速地轉移爲戰時體制，爲了達成最終的勝利，對國家總力作最合理的運用，國家總動員事務得以遂行，也爲使官廳統計事務更加簡捷化〔註 63〕，在陸軍強烈的要求下，10 月 25 日，日本將企劃廳和資源局合併，創設了全新的企畫院。企畫院的職責，在於綜理協調各廳相關事務，作爲國力擴充和運用與總理協調各廳事務的指揮機關〔註 64〕，內閣統計局則退居爲企畫院的外圍機構〔註 65〕。

　　企畫院分爲總務部、內政部、財政部、產業部、交通部、調查部等六個部門，分別負責物資動員計畫、生產力擴充計畫、資金動員計畫、貿易計畫、勞務動員計畫，以及交通電力動員計畫等事務〔註 66〕。如同其前身資源局，企畫院內所屬官僚多爲陸海軍，軍事色彩強烈。第一任院長爲法制局長滝正雄，總務部長爲陸軍少將橫山勇。至 1940 年 7 月，第二次近衛內閣成立，院長改由大藏省出身的滿州國總務長官星野直樹擔任。掌握資源調查權的是調

〔註 63〕松本浩太郎，〈官廳統計事務の新體制〉，《統計集誌》，737 號（1942.11），頁 6〜7。

〔註 64〕〈企画院官制制定企画庁官制及資源局官制廃止〉，《御署名原本》，昭和十二年‧勅令第六〇五号。

〔註 65〕島村史郎，《日本統計発達史》，頁 173。

〔註 66〕〈台湾総督府官制中ヲ改正ス〉，《公文類聚》，第六十五編‧昭和十六年‧第五十一卷‧官職四十八‧官制四十八，1940 年 12 月。

查部，負責實施資源調查與其他各部調查的統一聯絡事項，外國事務調查，資料的蒐集、整理集保存等，部長是擔任過資源局長的植村甲五郎〔註 67〕，植村甲午郎不僅在日本總動員事務發揮力量，對於臺灣統計人員的派遣也是關鍵角色。

　　1938 年 3 月 24 日，在青木一男、植村甲午郎等，企畫院主要人物主導下，軍部在國會中提出「國家總動員法」〔註 68〕，幾乎全體議員一致通過，決定在同年 3 月 31 日公佈施行。這是一個戰時國家主義統制立法的核心，規定資源、工場、資本、勞力、運輸、交通、通訊等，由國家統一管制，連言論、思想都做了規範。總動員計畫成爲日本帝國，從本土到殖民地一致貫徹的準則，臺灣總督府也不例外。「國家總動員法」發佈不久，臺灣總督府隨後宣佈該法 5 月 3 日起適用於臺灣，將臺灣各層面皆納入統制的範圍內。

二、官房企畫部的設立

　　如第五章所述，爲了南支南洋調查事項，總督府於 1918 年 9 月成立官房調查課，該課在後期轉換成總督府國家總動員事務的重要窗口，在總動員計畫的遂行和設定佔有一定角色，不過，機關體制還不足以應付戰時體制的運作〔註 69〕。七七事變之後，總督府鑑於總動員事務更爲複雜和分歧，更需要一個折衝的機關，不僅可作爲聯絡和調整的窗口，也可作爲中央和府外各部局聯繫的管道〔註 70〕，在此背景下，於是有了新機關官房企畫部的誕生。

　　1939 年 7 月，總督府解散官房調查課，結合商工、金融兩課及交通課一部份的業務〔註 71〕，新成立官房企畫部。官房企畫部除原來官房調查課掌管的事項之外，原來商工課主管的物資配給大綱相關事項、生產力擴充基本方

〔註 67〕 植村甲午郎，1894 年 3 月出生於東京，1918 年，畢業於東京帝國大學法學部政治學科，歷任農商務省、大臣秘書官、資源局調查課長等職務。企畫院成立後，植村甲午郎擔任企畫院調查部長，成爲制訂「國家總動員法」的重要性人物，更於 1940 年擔任企畫院次長。參島村史郎，《日本統計發達史》，頁 173。

〔註 68〕 木原圓次，〈進展スル國家總動員態勢〉，《臺灣時報》，10 月號（1939.10），頁 5～6。

〔註 69〕 〈台灣總督府官制ヲ改正ス・（企畫部設置）〉，《公文類聚》，第六十五編・昭和十六年・第五十一卷・官職四十八・官制四十八，1941 年 1 月。

〔註 70〕 第 10415 文書，〈總督官房企畫部設置ノ件〉，《臺灣總督府公文類纂》，2 號，第一門・人事，1939 年。

〔註 71〕 同上註 70。

針，以及關於勞務需給調整基本方針，以及金融課主管的輸入計畫、資金調整法運用基本方針等，各種總動員實施基本方針〔註72〕，也被納入其業務範圍之中。

表6-2-1　官房調查課和官房企畫部業務的比較

		官房調查課	官房企畫部
原官房調查課業務	臺灣總督府統計書事項	○	○
	臺灣人口動態調查事項	○	○
	臺灣犯罪統計事項	○	○
	國勢調查的實施	○	○
	資源調查的實施	○	○
	家計調查的實施	○	○
原殖產局商工課業務	物資配給大綱相關事項		○
	生產力擴充基本方針的樹立		○
	勞務需給調整基本方針的樹立		○
原殖產局金融課業務	輸入計畫的設定		○
	樹立資金調整法運用基本方針		○

資料來源：〈臺灣總督府部內臨時職員設置制ヲ改正ス〉，《公文類聚》，昭和十二年，第六十一編，1937年。臺灣總督府，《臺灣總督府事務成績提要》，四十五編（1940），頁163～164。

由上表所知，官房企畫部為一個總動員事務的機關，進行各種動員計畫，是臺灣總督的諮詢機關和各廳的聯絡機關，被喻為宛如中央企畫院的縮小版〔註73〕。進一步就其編制觀之，官房企畫部共分四係，第一係：生產力擴充計畫的調查和設定，與和中央的聯絡相關事宜；資金動員計畫的調查和設定，與和中央的聯絡相關事宜；交通和動力動員計畫的設定，與和中央的聯絡相關事宜；資源調查法的實施相關事項；情報宣傳的聯絡調整相關事項；不屬他係主管之人的、物的資源統整運用計畫相關事項；總動員計畫執行之重要預算的統制相關事項。

〔註72〕臺灣總督府，《臺灣總督府事務成績提要》，四十五編（1940），頁163～164。
〔註73〕〈興亞體制に備へ企畫部を設置　總督府總動員事務の統合計る〉，《臺灣時報》，7月號（1939.7），頁288。

第二係：負責物資供需基本計畫的調查與設定、物資的配給比例與消費調整之基本計畫的調查與設定。第三係：負責關於國民徵用的基本計畫之調查與設定、勞務供需基本計畫的調查與設定、關於工資與勞動條件的調整之基本計畫的調查與設定，以及交通與動力基本計畫的設定。第四係：負責統計的監督與指導、統計之調查與報告事項、國勢調查及家計調查（參表 6-2-2 官房企畫部事務分掌表）〔註74〕。

表 6-2-2　官房企畫部事務分掌表

係　別	事務分掌
庶務係	庶務相關事項。
第一係	1. 生產力擴充計畫的調查和設定，與中央的聯絡相關事宜。 2. 資金動員計畫的調查和設定，與中央的聯絡相關事宜。 3. 交通和動力動員計畫的設定，與中央的聯絡相關事宜。 4. 資源調查法的實施相關事項。 5. 情報宣傳的聯絡調整相關事項。 6. 不屬他係主管之人的、物的資源統整運用計畫相關事項。 7. 總動員計畫遂行之重要預算的統制相關事項。
第二係	1. 物資需給計畫的設定，與中央的聯絡相關事項。 2. 物資需給調整和消費規正計畫的調整及設定相關事項。
第三係	1. 關於國民徵用基本計畫的調查和設定等相關事項。 2. 勞務需給基本計畫的調查和設定，與中央的聯絡相關事宜。 3. 關於其他勞働條件的規正基本計畫的調查和設定等相關事項。
第四係	1. 統計的監督、調整及報告等相關事項。 2. 臨時國勢調查相關事項。 3. 家計調查相關事項。

資料來源：第 10098 文書，〈總督官房企畫部長ヲ任命ス〉，《臺灣總督府公文類纂》，
　　　　　49 號，第一門・人事，1939 年。

由上可知，統計業務由第四係負責。從第四係的業務內容來看，官房企畫部的統計，大抵延續前身官房調查課，並無重大變化。此外，從 1939 年 9 月發佈的「臺灣總督府統計事務規程改正」可知，原來官房調查課長對各部局的的統計監督權，轉由官房企畫課長負責，也可見其統計業務的

〔註74〕〈台灣總督府官制中ヲ改正ス〉，《公文類聚》，第六十四編・昭和十五年・第
　　　　五十一卷・官職四十八・官制四十八，1940 年 12 月。

承續關係〔註75〕。

三、企畫部的成立

　　總督府的總動員機關，以官房企畫部的形式運作至 1941 年 8 月，又有新一波的改制。主要是因應中國和歐洲的戰爭形勢，考量各項物資動員計畫、生產力擴充計畫、資金動員計畫、貿易計畫、勞務動員計畫、交通電力動員計畫等，相互間聯繫越來越緊密，然而各項計畫執行時卻產生不平衡的現象。總督府認為，為避免為了順遂進行戰爭，卻發生官需和民需供給不平衡的問題，影響後方軍民士氣，必須確實掌握臺灣和日本各項物資比例，以做充分使用，加以臺灣為電力資源的重要市場，也是提供南支南洋各種資源的地點，作為南方物資的補給戰，更須精確地掌握臺灣各項物資〔註76〕。

　　在此考量下，現有官房企畫部的機構和編制已不符實際需求，總督府因此醞釀設置新的企畫部。1941 年 8 月，拓務省改制臺灣總督府官制，將企畫部自官房獨立成為企畫部，新的企畫部除了原來官房企畫部業務之外，另加上殖產局商工課所長，物資動員計畫的物資和勞務的配給相關企業，原來官房企畫部所屬情報宣傳的聯絡調整等事項，則轉移至官房文書課〔註77〕。

　　改制之後，企畫部編制為部長 1 人、事務官 7 人、理事官 1 人、技師 5 人、統計官 1 人、屬 35 人，以及技手 11 人。分為企畫課、物資課、勞務課及統計課等四個單位〔註78〕。

　　企畫課分為文書係、企畫係和動員係等三係。文書係負責文書的收發及整理，物品的收納及保管，以及預算的管理等相關事項。企畫係負責關於綜合國力擴充運用的基本政策事項；綜合國力擴充運用的基本政策事項下，各部局的預算統制事項；國家總動員法施行的相關事項；資源調查相關事項；總動員秘密及軍用資源機密的保護事項。動員係負責生產力計畫的擴充設定；物資及勞務動員計畫的制訂及遂行；資金、貿易、交通、電力及其他動

〔註75〕〈臺灣總督府統計事務規程中改正〉，《臺灣總督府府報》，3628 號，1939 年 7 月 9 日，頁 25。

〔註76〕〈台湾総督府官制中改正ノ件〉，《枢密院会議文書》，昭和十五年十二月二十八日決議。

〔註77〕〈台湾総督府官制ヲ改正ス・（企画部設置）〉，《公文類聚》，第六十五編・昭和十六年・第五十一卷・官職四十八・官制四十八，1941 年 1 月。

〔註78〕臺灣總督府，《臺灣總督府事務成績提要》，第四十六編（1943），頁 762。

員的設計和執行等事項〔註 79〕。

　　物資課分為文書係、金屬係和非金屬係等三係。文書係負責文書收發和整理；物品的收納和保管；預算管理等相關事項。金屬係負責關於鐵類物資動員計畫的設定和配給調整；關於非鐵金屬和非鐵金屬礦物物資動員計畫的設定和配給調整；關於機械類物資動員計畫的設定和配給調整。非金屬係負責關於纖維、皮革和生橡膠物資動員的計畫設定和配給調整；關於木材物資動員計畫的設定和配給調整；關於燃料物資動員計畫的設定和配給調整；關於工業藥品及化學成品類物資動員計畫的設定和配給調整；關於醫藥品、食糧、肥料、飼料及生活必需品物資動員計畫的設定和配給調整；關於輸入雜品物資動員計畫的設定和配給調整等〔註 80〕。

　　勞務課分為文書係、勞政係和賃金係等三係。文書係負責文書收發和整理；物品的收納和保管；預算管理等相關事項。勞政係負責勞務動員計畫的設定和遂行；勞務需給調整及轉業對策；國民職業能力的登錄及國民徵用；防止從業者移動；青少年雇用限制；工場事業場技能者養成；學校畢業者使用限制；勞務調查；產業報國運動等相關事項。賃金係負責賃金統制；工場就業時間限制；勞動條件規正等相關事項〔註 81〕。

　　統計課分為文書係、一般統計係、人口統計係及國勢調查係等四係。文書係負責文書收發和整理，物品的收納和保管及預算管理等。一般統計係負責統計的監督，報告例事項，一般統計的調整和報告，以及犯罪統計的調整報告等。人口統計係負責常住人口統計的報告和調整，以及人口動態統計等事項。國勢調查係負責國勢調查〔註 82〕。可知，隨著企畫部機構組織再造，中央統計機關也隨之轉移，不過業務內容與前身並無差別（參表 6-2-3　企畫部事務分掌表）。

〔註 79〕　〈台湾総督府官制中ヲ改正ス・（企画部設置）〉，《公文類聚》，第六十五編・昭和十六年・第五十一卷・官職四十八・官制四十八，1941 年 11 月。

〔註 80〕　同上註 79。

〔註 81〕　〈臺灣總督府企畫部處務規程〉，《臺灣總督府府報》，4300 號，1941 年 9 月 25 日。

〔註 82〕　同上註 81。

表 6-2-3　企畫部事務分掌表

課　別		事務分掌
庶務係		人事相關事項；官印管理事項；文書收發、保存、留守、紀錄等相關事項；圖書和印刷相關事項；預算管理相關事項；俸給相關事項
企畫課	文書係	文書的收發及整理相關事項；物品的收納及保管相關事項；預算的管理相關事項
	企畫係	關於綜合國力的擴充運用之基本政策；關於綜合國力的擴充運用之基本政策事項下，各部局的預算統制；關於國家總動員法施行的事項；資源調查；總動員秘密及軍用資源機密的保護事項
	動員係	生產力計畫的擴充設定相關事項；物資及勞務動員計畫的制訂及遂行相關事項；資金、貿易、交通、電力及其他的動員的設計和遂行相關事項
物資課	文書係	文書收發和整理相關事項；物品的收納和保管相關事項；預算管理相關事項
	金屬係	鐵類的物資動員計畫的設定和配給調整；非鐵金屬和非鐵金屬礦物物資動員計畫的設定和配給調整；機械類物資動員計畫的設定和配給調整
	非金屬係	纖維、皮革和生橡膠物資動員計畫的設定和配給調整；木材物資動員計畫的設定和配給調整；燃料物資動員計畫的設定和配給調整；工業藥品及化學成品類物資動員計畫設的定和配給調整；醫藥品、食糧、肥料、飼料及生活必需品物資動員計畫的設定和配給調整；輸入雜品物資動員計畫的設定和配給調整
勞務課	文書係	文書收發和整理；物品的收納和保管；預算管理
	勞政係	勞務動員計畫的設定和遂行；勞務需給調整及轉業對策；國民職業能力的登錄及國民徵用；防止從業者移動；青少年雇用限制；工場事業場技能者養成；學校畢業者使用限制；勞務調查；產業報國運動
	賃金係	賃金統制；工場就業時間限制；勞動條件規正
統計課	文書係	文書收發和整理；物品的收納和保管；預算管理
	一般統計係	統計的監督；報告例相關；一般統計的調整和報告；犯罪統計的調整報告
	人口統計係	常住人口統計的報告和調整；人口動態統計
	國勢調查係	國勢調查

資料來源：〈臺灣總督府企畫部處務規程〉，《臺灣總督府府報》，4300 號，1941 年 9 月 25 日。

　　然而，企畫部的編制並未維持太久。至 1942 年 11 月，總督府又進行官制改革，解散企畫部，將業務打散到其他單位，其中，以總務局承攬最多職務，新成立物資動員課、勞政課、統計課等〔註 83〕。由是，統計機關轉移至總務局統計課，但業務內容並未改變。惟由於戰爭時期資料多所散佚，目前仍無法發現總務局統計課的相關資料，其詳細運作情形，有待日後繼續挖掘研究。

四、官房企畫部與企畫部的統計官員

　　官房企畫部長是木原圓次，由官房調查課長直接轉任。木原圓次為軍人出身，1891 年出生於廣島；1911 年，以陸軍士官學校候補生的身份進入步兵第十二聯隊；1914 年 12 月，擔任陸軍步兵少尉；1918 年 7 月，升任陸軍步兵中尉；1923 年 1 月來臺任職警務局勤務〔註 84〕。木原圓次歷任警務局保安課長、蕃地調查委員會幹事、臨時國勢調查部主事、東部開發調查委員會委員、臺灣防衛委員會幹事、臺灣資源調查委員會幹事等職務。1939 年 7 月，擔任官房調查課長〔註 85〕，1939 年 9 月，木原圓次成為改制後第一任官房企畫部長〔註 86〕。

　　此階段重要的統計官員有大竹孟、柿崎宗穎、吉村周二郎等人。大竹孟前文已提及。柿崎宗穎原為企畫院調查官，1941 年 6 月，企畫院為促進日本和臺灣的總動員事務交流，而與總督府協商兩方互換官員，由大竹孟和企畫院調查官柿崎宗穎互換職務，柿崎宗穎成為總督府新任統計官。柿崎宗穎，1907 年 2 月出生於秋田縣，1929 年 8 月，畢業於東京帝國大學經濟學部經濟科，隨即進入資源局。1937 年 10 月，資源局廢止之後，進入企畫院服務，1940 年 1 月，成為企畫院調查官〔註 87〕。1941 年 6 月，來臺擔任官房企畫部統計官，並接續成為總務局統計課統計官，至 1943 年任期結束返回日本。

〔註 83〕　臺灣總督府，《臺灣總督府事務成績提要》，第四十八編（1943），頁 153～156。

〔註 84〕　第 3748 文書，〈〔陸軍步兵中尉〕木原圓次（任府屬）〉，《臺灣總督府公文類纂》，33 號，判任官進退原議一月份，1923 年 1 月。

〔註 85〕　第 10092 文書，〈木原圓次本務ヲ免シ官房調查課長專務ヲ命ス〉，《臺灣總督府公文類纂》，42 號，高等官進退原議一月份，1938 年 1 月。

〔註 86〕　第 10098 文書，〈總督官房企畫部長ヲ任命ス〉，《臺灣總督府公文類纂》，49 號，第一門・人事，1939 年。

〔註 87〕　第 10112 號文書，〈柿崎宗穎（任府統計官）〉，《臺灣總督府公文類纂》，40 號，高等官進退原議六月份，1941 年 6 月。

　　至於吉村周二郎，則是 1894 年 3 月出生於福岡縣，1913 年 3 月，實業補
習學校修業期滿之後，1914 年 12 月，入伍輜重兵第十二大隊擔任軍人，此後
一直擔任軍人職務。1919 年 3 月來臺，擔任總督府官房調查課雇，至 1922 年
8 月成為官房調查課專務。1926 年 8 月，取得內閣統計局統計講習會修業證
明，1929 年 6 月，晉升為官房調查課屬〔註88〕，同時兼臨時國勢調查部。官
房企畫部成立之後，任職於官房企畫部，並於 1942 年 11 月轉移至總務局統計
課〔註89〕。

　　其實，柿崎宗穎離臺之後，資料並未見何人接續其職務。但 1944 年 7
月，吉村周二郎曾於《臺灣時報》發表文章，介紹該年國勢調查，職稱為統
計官〔註90〕，可推測吉村周二郎即為總務局統計課時期的統計官。但是否係
接續柿崎宗穎之後，或 1943 年至 1944 年間統計官是否另有其人，由於資料
散佚，因此無法明確得知。然就吉村周二郎的履歷觀之，有軍人身份，又曾
取得內閣統計局統計講習會修業證明，歷程與大竹孟、柿崎宗穎兩人頗多類
似之處。較為可惜的是，戰爭時期資料不足，柿崎宗穎、吉村周二郎兩人詳
細的統計業績並未被留存，無法得知兩人具體績效。

表 6-2-4　官房企畫部與企畫部重要的統計官員

姓　名 （本籍）	職稱 （在職時間）	學歷	經手業務	相關經歷
大竹孟 （大分）	統計官 （1937.3～1941.6）	明治大學法科	家計調查；資源調查；國勢調查；臨時國勢調查	國勢院、統計局、內閣統計局、資源局等統計官補
柿崎宗穎 （福岡）	統計官 （1941.6～1943）	東京帝國大學經濟學部經濟科	第二回家計調查	資源局；企畫院
吉村周二郎 （福岡）	屬 （1919.3～1944）	實業補習學校	臨時國勢調查	內閣統計局統計講習會修業證明

〔註88〕　第 10221 號文書，〈吉村周二郎（任總督府屬：俸給：勤務）〉，《臺灣總督府
　　　　　公文類纂》，134 號，1929 年 6 月。
〔註89〕　臺灣總督府，《臺灣總督府及所屬官署職員錄》（臺北：臺灣時報發行所，1925
　　　　　～1944）。
〔註90〕　吉村周二郎，〈人口調查實施に就て〉，《臺灣時報》，七月號（1944.7），頁 30
　　　　　～34。

資料來源：第 10089 號文書，〈大竹孟任臺灣總督府統計官、敘高等官七等、七級俸下賜、總督官房調查課勤務ヲ命ス〉，《臺灣總督府公文類纂》，78 號，高等官進退原議三月份，1937 年 3 月。第 10112 號文書，〈柿崎宗穎（任府統計官）〉，《臺灣總督府公文類纂》，40 號，高等官進退原議六月份，1941 年 6 月。吉村周二郎，〈人口調查實施に就て〉，《臺灣時報》，七月號（1944.7）；第 10221 號文書，〈吉村周二郎（任總督府屬：俸給：勤務）〉，《臺灣總督府公文類纂》，134 號，門號不詳，1929 年 6 月。

四、官房企畫部與企畫部的統計業績

（一）統計調查

在此階段，官房企畫部的統計業務也有變化，一方面承續原來的統計調查；一方面實施因應戰爭體制所必須，各種足以掌控物資和人員的新調查。

首先，延續性的統計調查有：

其一、資源調查：包括「一般調查」和「特別調查」兩大類，前者係根據 1929 年發佈的「臺灣資源調查令」，定期對汽車、自行車、工場、鑛山、船舶、造船所、鐵道等實施的調查和統整，藉以探究人、物資源的現況，做為國家總動員準備上、行政上，以及一般產業政策上的指針。後者為根據「資源調查令」第六條，依照內閣總理大臣要求，或是總督府認為必須實施的臨時調查事項，例如：資源現存額的調查、資源回收狀況的調查、購入機械裝置的調查、科學研究的調查、傳輸鴿的調查、資源概況速報等，以作為總動員計畫準備的資料〔註91〕。

其二、家計調查：前已提及，這是 1937 年度起，以三年預算實施的調查事業。至 1941 年，呼應戰爭經濟的振興與生產部門的強化，使國民生活消費合理化，內閣統計局重啟家計調查，並且擴大調查範圍〔註92〕。這次排除白領階級和勞工二分法，細分為白領階級、勞工、商家、農家、未婚者等五個調查項目，調查對象擴及農業、鑛業及商業等關係者。又加入戰時生活安定、物資分配，以及家族津貼制度等，各種國策推進的基本資料，不久，又加入營養調查項目，作為戰時國民體位向上、食料政策遂行的參考資料，更加入國民消費生活指導、戰時分配、薪資分配等任務〔註93〕，成為戰時體制下國

〔註91〕 臺灣總督府，《臺灣總督府事務成績提要》，第四十五編（1941），頁 165～166。
〔註92〕 島村史郎，《日本統計發達史》，頁 163。
〔註93〕 〈家計調查施行細則ヲ改正ス〉，《公文類聚》，第六十五編・昭和十六年・第二卷・政綱二・統計調查一，1941 年 8 月。

民生活計畫的指導原則〔註94〕。

1943年10月，臺灣也實施第二次家計調查。調查對象分為白領階級和勞工階級兩類，但此次白領階級細分為：官公吏、檢察官、國民學校教員、銀行會社員。勞工階級細分為：煤、金屬礦等礦工；金屬工業、機械器具工業、化學工業、紡織工業、食料品工業、印刷工業、土木業等工廠勞工；鐵道、船運、通信等交通勞工等。調查區域限定於臺北、新竹、臺中、臺南、高雄、花蓮港六市及瑞芳街之六市一街〔註95〕，瑞芳街的調查對象僅以礦業勞工為主〔註96〕。惟戰爭時期統計調查結果多未公開，家計調查結果亦同〔註97〕。

其三，為國勢調查：由官房企畫部負責國勢調查事項〔註98〕，照慣例於每逢西元年尾數是○的年份，10月1日至3日實施。1940年5月，內閣發佈〈昭和十五年國勢調查施行令〉，明訂該次受調對象除了帝國版圖內原來預定受調的日本人、臺灣人及外國人外，於帝國版圖外，在前線作戰的現役軍人、應召中的在鄉軍人；陸軍所有船、陸軍徵傭船及海軍艦船；從軍軍屬、從軍報導班員、從軍神官、神職者、及從軍宗教家等，皆列為受調對象〔註99〕。

為了徹底瞭解大後方的人力概況，該次調查調整以往項目，改成與國民動員、勞務動員密切相關，包括職業技能、現職、前職、學歷、兵役關係、在臺滯留時間、國語普及的程度等，各種因應時局所需的產業和職業調查〔註100〕。調查內容為：姓名、世帶、性別、出生日期、配偶、所屬產業或職業、內閣總理大臣指定的技能、兵役關係、出生地、本籍地、民籍或國籍〔註101〕。

隨後，總督府於1940年7月20日，公佈1940年國勢調查指定技能的

〔註94〕 〈家計調查指導員事務打合會〉，《臺灣日日新報》，15577號，1943年7月15日，2版。
〔註95〕 〈家計調查　決戰下各般の計畫に資する　今後每年本島で施行〉，《臺灣日日新報》，15573號，1943年7月11日，2版。
〔註96〕 〈家計簿記入者募集　十月一日から六市一街に互り家計調查を實施〉，《臺灣日日新報》，15605號，1943年8月12日，2版。
〔註97〕 島村史郎，《日本統計發達史》，頁163。
〔註98〕 臺灣總督府，《臺灣總督府事務成績提要》，第四十五編（1940），頁164～168。
〔註99〕 〈昭和十五年國勢調查ノ事務ニ從事スル者ニ示スベキ申告書記入心得〉，《臺灣總督府府報》，3943號，1940年7月20日。
〔註100〕 臺灣總督府企畫部，〈本年度國勢調查　十一月一日實行〉，頁30。
〔註101〕 〈昭和十五年國勢調查施行令〉，《臺灣總督府府報》，3915號，1940年6月17日。

項目，共分爲職業和學歷兩大類，職業項目多爲農、林、礦、機器、航空及電器等技術工作者；學歷項目則爲農業、水產、工業理學及電器通信等相關科系畢業者爲主〔註102〕。調查於 1940 年 10 月 1 日實施，11 月中各州廳受理申告書，12 月概算出臺灣的家族和人口數，並於 1941 年 3 月公佈調查結果〔註103〕。

其次，因應戰時體制創新的統計調查爲：

其一、爲昭和十四年臨時國勢調查：主要調查國民的日常生活必要的物資數量和金額，及物資分佈的地域和配給機構等，是事變下各種政策立案和實施的基本資料〔註104〕。關於該調查的詳細經緯，請參第六章第三節的說明。

其二、爲勞動相關調查：此爲爲取得事變下臺灣勞動者相關資料而實施的簡易調查，自 1939 年 10 月至 1940 年 3 月，在不屬官營的工場、礦山及交通事業體中實施〔註105〕。根據資源調查法第一條，總督府先以府令第八十三號「勞務動態調查規則」實施勞務動態調查，隨後又根據「勞動技術統計調查令」，以蒐集賃金規制計畫和運用，與國民動員其他計畫的資料爲目的，實施臺灣各產業勞動調查，並於 1942 年 10 月刊行調查結果。1940 年 6 月，又根據官企第六十號，繼續針對州廳轄內的工場、礦山及交通事業體，實施勞動人員、就業時間、賃金等調查，成爲時局下勞動事務的參考資料，於 1941 年中公布調查成果〔註106〕。

（二）統計書的出版

統計書的編纂業務方面，1939 年至 1944 年間，歷經官房企畫部、企畫部至總務局統計課，雖然統計機關迭有變遷，但出版品延續以往並無不同。有「臺灣人口動態統計」、「臺灣犯罪統計」、「臺灣現勢要覽」、「家計調查報告」、「臺灣總督府統計書」等（參表 6-2-5　官房企畫部與企畫部出版的統計書）。

〔註102〕　〈昭和十五年國勢調查施行令ノ規定二依リ技能指定〉，《臺灣總督府府報》，3943 號，1940 年 7 月 20 日。
〔註103〕　臺灣總督府，《臺灣總督府事務成績提要》，第四十六編（1943），頁 777。
〔註104〕　臺灣總督府，《臺灣總督府事務成績提要》，第四十五編（1941），頁 167～168。
〔註105〕　臺灣總督府，《臺灣總督府事務成績提要》，第四十五編（1941），頁 166。
〔註106〕　臺灣總督府，《臺灣總督府事務成績提要》，第四十六編（1943），頁 762。

表 6-2-5　官房企畫部與企畫部出版的統計書（1939～1942）

出版年	書　名	備　註
1939	臺灣人口動態統計（昭和十二年） 臺灣人口動態統計記述編（昭和十二年） 臺灣犯罪統計（昭和十二年） 臺灣常住戶口統計（昭和十三年） 臺灣第三十四統計摘要（昭和十三年） 臺灣現勢要覽（昭和十四年） 臺灣事情（昭和十四年） 家計調查報告（昭和十二年十一月至昭和十三年十月） 勞働統計（昭和十四年時月至昭和十五年三月）	
1940	臺灣人口動態統計（昭和十三年） 臺灣人口動態統計記述編（昭和十四年） 臺灣常住戶口統計（昭和十四年）	
1941	臺灣總督府第四十三統計書（昭和十四年） 臺灣犯罪統計（昭和十四年） 臺灣常住戶口統計（昭和十五年） 臺灣人口動態統計（昭和十四年） 臺灣人口動態統計（昭和十五年） 臺灣人口動態統計記述編（昭和十四年） 臺灣人口動態統計記述編（昭和十五年） 臺灣現勢要覽（昭和十六年）	
1942	臺灣總督府第四十五統計書（昭和十六年） 臺灣現勢要覽（昭和十七年） 臺灣常住戶口統計（昭和十七年） 臺灣人口動態統計（昭和十六年） 臺灣人口動態統計記述編（昭和十六年） 父母ノ年齡別出生及死產統計（昭和十六年） 臺灣犯罪統計（昭和十六年）	

資料來源：臺灣總督府，《臺灣總督府事務成績提要》，第四十五至四十八編（1941～1944）。

　　綜上所述，1937 年之後，基於日本母國發展長期戰的國策，總督府先後設置官房企畫部和企畫部兩機構，作為臺灣地區總動員的中樞機關，也是戰時體制下的統計機關。就統計業務觀之，與前身並無差別，不過相關人員多具軍人背景，使得機構的軍事色彩鮮明。就該階段實施的統計活動而言，有

承續前身的統計調查如：資源調查、家計調查、國勢調查等。也有因應時局
而實施的新統計調查，如：勞動相關調查、昭和十四年臨時國勢調查等。就
調查性質而言，物資和人力控管的意圖相當強烈，由此可見戰爭時期統計機
關的角色。值得注意的是，越至日治後期，總督府中央統計機關編制越趨縮
小，可見到戰爭後期，物資控管成爲總督府的施政主軸，統計活動反而不是
重點，僅是物資控管的手段和方法。其中，物資控管又以稱爲「物的調查」
的昭和十四年臨時國勢調查最具特色，此於下一節另有論述。

第三節　昭和十四年臨時國勢調查的實施

　　如前文所述，一般認知的國勢調查，是以全體國民爲調查對象，調查人
口數字、男女別、年齡及職業等項目，調查重點是「人」。不過，1939 年 8 月，
日本在帝國版圖實施的「昭和十四年臨時國勢調查」，調查對象商店經營體，
主要爲探求國民生活所需物品的消費數量和金額〔註 107〕，調查重點是「物」，
因此被稱爲「消費的國勢調查」或「物的國勢調查」〔註 108〕。主旨與普通的
國勢調查大不相同〔註 109〕，總督府因應母國政策，也在官房企畫部的主導下
實施。以下論述「昭和十四年臨時國勢調查」的背景、經過及成果。

一、昭和十四年臨時國勢調查之背景

　　1939 年時候的日本，正處於對外關係最緊迫的階段，爲了作持久戰和經
濟戰的準備，必須實施各種計畫以利長期建設，特別是充實國防、擴充生產
力、振興貿易，勵行物資控管，強化國民消費統制等政策，成爲當局的急務
〔註 110〕。然而，這些利於實施軍需產業的生產擴充計畫，對國民的消費生
活是否產生影響？如何與國民眞實的生活互相調和？爲了消費節約實施的
國民運動是否有所成效？以上種種疑問，必須透過實際的統計調查才能加以
評估〔註 111〕。在此背景下，日本乃醞釀藉由觀察國民日常消費的物資數量

〔註 107〕加地成雄，〈昭和十四年臨時國勢調查特異性其の他卑見〉，頁 265～267。
〔註 108〕橫山雅男，〈鐵研漫筆（三二）〉，《統計學雜誌》，637 號（1939.7），頁 293。
〔註 109〕總督府官房企畫部，〈時局下に於ける臨時國勢調查〉，《臨時情報部部報》，
　　　　67 號（1939.7），頁 9。
〔註 110〕總督府官房企畫部，〈時局下に於ける臨時國勢調查〉，頁 9。
〔註 111〕川島統計局長，〈臨時國勢調查に就て〉，《統計時報》，92 號（1939），頁 29
　　　　～30。

和金額，審視物資被消費的狀況與地域分佈情形的想法〔註 112〕，由是有了昭和十四年臨時國勢調查的構想。

　　其實，日本國內對商家統計調查並不陌生，在臨時國勢調查實施之前，日本政府已對商業經營體實施過類似的調查，稱爲「商業調查」。不過，商業調查爲地方性的調查，且僅以部分的商業經營體爲調查對象，調查商家的商業政策及經營改善之道，相反的，臨時國勢調查是全國的、以全部的商業經營體爲調查對象，以探究國民消費實情爲目的，兩者性質不同〔註 113〕。

　　臨時國勢調查爲透過觀察商店的買賣，瞭解國民生活重要的必須用品，例如：飲食品、衣物、日用品、家具、燃料、藥品及衛生用品、化妝品、紙類文具、雜誌報紙、運動用具、玩具、趣味娛樂品〔註 114〕，或內閣總理大臣平沼騏一郎特別指定的米、味增、足袋、電燈泡、肥皂、時鐘、化妝品、書籍、底片等各項民生物資，一年間的販賣情況，以及批發和零售的價格，藉以瞭解物資的流通情形〔註 115〕。實施目的在把握商業經營狀況，使物資流通獲得保障，並瞭解生活必需品庫存的情形，作爲戰爭下物資控管的參考〔註 116〕。

　　臨時國勢調查最重視國民的消費量和消費金額，特別是一年間的消費量和消費金額、重要商品在商店中的庫存量、商品流通的狀態，以及工場的消費量等〔註 117〕。其次，則是店裡工作的人數、男女、年齡、教育程度等項目，特別是配給機關如何運作〔註 118〕，可說是兼具商業調查與究明國民消費全貌的特質〔註 119〕。要言之，臨時國勢調查是就商店的觀點，究明全體國民的消費數量和金額，關注點在社會和經濟事項，在西方也未曾見過這樣的國勢調查〔註 120〕，是非常時局下的基本調查〔註 121〕，也是日本當局獨創的統計調查。

〔註112〕總督府官房企畫部，〈時局下に於ける臨時國勢調查〉，頁 9。
〔註113〕加地成雄，〈昭和十四年臨時國勢調查特異性其の他卑見〉，《統計學雜誌》，637 號（1939.7），頁 267～268。
〔註114〕總督府官房企畫部，〈昭和十四年臨時國勢調查に就て〉，《臨時情報部部報》，70 號（1939.8），頁 2。
〔註115〕川島統計局長，〈臨時國勢調查に就て〉，《統計時報》，頁 29～30。
〔註116〕松田芳郎，〈旧植民地昭和 14 年臨時国勢調查再論—日本の統計調查制度と植民地統計との關係—〉，頁 C-1-4。
〔註117〕島村史郎，《日本統計發達史》，頁 167。
〔註118〕渡邊祐二郎，〈戰時體制下の臨時國勢調查と其の顛末〉，《新竹州時報》31 期（1939.12），頁 72～73。
〔註119〕川島統計局長，〈臨時國勢調查に就て〉，頁 29。
〔註120〕同上註 119。

二、昭和十四年臨時國勢調查之展開

（一）調查項目

1939 年 3 月，日本改正 1902 年公佈的法律第四十九號，原來的國勢調查之外，增加臨時國勢調查的實施法案。4 月，內閣公佈〈昭和十四年臨時國勢調查要綱〉〔註 122〕，同時發出〈昭和十四年臨時國勢調查施行令〉，訂於同年 8 月 1 日，針對帝國版圖內各商業經營體實施〔註 123〕。指出調查對象為物品販賣業者、物品販賣仲介業者、物品買賣仲介業者、法人組合的物品販賣或買賣仲介業者、旅館、料理店、飲食店、工場、寄宿舍、醫院、船舶等〔註 124〕。

〈昭和十四年臨時國勢調查施行令〉中，具體地指出臨時國勢調查的調查項目和實施方法，指出樺太、臺灣、朝鮮、南洋群島等殖民地也同步實施，但可由各殖民地長官制訂適切的執行法規〔註 125〕。在此背景下，1939 年 6 月 6 日，臺灣總督府以府令第七十一號，公佈〈昭和十四年臨時國勢調查施行規則〉。

日本各地狀況不同，臨時國勢調查項目不盡相同，不過，就臺灣的情形而言，調查內容和方法與日本大致相同〔註 126〕。知事或廳長得受臺灣總督之命，監督管轄區域內的調查情形，並推薦臨時國勢調查員和臨時國勢調查指導員，由臨時國勢調查員發送申告書給各商業經營主〔註 127〕。臺灣各地的商業經營體都有申告的義務，負責人必須依照申告書所載事項確實地填寫，於期限內完成申告〔註 128〕。

根據〈昭和十四年臨時國勢調查要綱〉，調查對象分為「一般實地調查」和「標本實地調查」兩類：

〔註 121〕總督府官房企畫部，〈時局下に於ける臨時國勢調查〉，頁 11。

〔註 122〕〈昭和十四年臨時國勢調查〉，《統計時報》，91 號，頁 7。

〔註 123〕〈臨時國勢調查施行令〉，《臺灣總督府府報》，3581a 號，1939 年 5 月 16 日，頁 39。

〔註 124〕總督府官房企畫部，〈時局下に於ける臨時國勢調查〉，頁 9。

〔註 125〕〈臨時國勢調查施行令〉，頁 40。

〔註 126〕〈外地に於ける昭和十四年臨時國勢調查〉，《統計時報》，91 號（1939），頁 25～26。

〔註 127〕〈昭和十四年臨時國勢調查施行細則〉，《臺灣總督府府報》，3599a 號，1939 年 6 月 6 日，頁 14。

〔註 128〕〈昭和十四年臨時國勢調查要綱〉，《統計時報》，91 號（1939），頁 9～10。

1.「一般的實地調查」

一般的實地調查又稱爲甲種經營體的調查,調查對象分爲三大類,第一類:經營物品販賣業、物品買賣仲介業;法人、組合等物品販賣、仲介業等。第二類:旅館、料理店及飲食店。第三類:通常有 50 人以上員工的工場、通常有 20 人以上收容人的寄宿宿舍;通常有 10 人以上患者的病院或船舶等〔註 129〕。

三大類調查的內容大抵相同,有些許不同。第一類調查內容爲:經營體名稱、爲本店或支店、企業的組織(爲個人、合名公司、合資公司、股份公司或股份合資公司)、資本額、營業的型態(爲零售商、百貨店、貿易商、路邊攤、產業組合或批發商)、經營者(含經營者、家族、使用人及年齡等)、調查前一年的販賣數量和總營業額、指定物品調查前一年的販賣數量和總營業額。第二類調查內容爲:經營體名稱、爲本店或支店、開業時間、企業組織、資本額、營業型態、經營者、調查前一年指定物品的進貨數目和金額。第三類調查內容爲:經營體的名稱、事業的種類、調查前一年指定物品的買賣總額表等事項(參表 6-3-1 「一般實地調查」的調查事項)〔註 130〕。

表 6-3-1 「一般實地調查」的調查內容

調查對象	調查內容
1. 經營物品販賣業、物品買賣仲介業 2. 法人、組合等物品販賣、仲介業	1. 經營體名稱 2. 爲本店或支店 3. 企業的組織 4. 資本額 5. 營業種類 6. 經營者 7. 調查前一年的販賣數量和總業額 8. 指定物品調查前一年的販賣數量和總營業額 9. 特定物品現在的數量

〔註 129〕 臺灣總督府,〈昭和十四年臨時國勢調查要綱〉,《昭和十四年臨時國勢調查提要》,收錄於一橋大學社會統計情報研究中心藏「昭和十四年臺灣臨時國勢調查有關資料」,頁 2～3。

〔註 130〕 渡邊祐二郎,〈戰時體制下の臨時國勢調查と其の顛末〉,《新竹州時報》31 期(1939.12),頁 72。

旅館、料理店及飲食店	1. 經營體名稱 2. 爲本店或支店 3. 開業時間 4. 企業組織 5. 資本額 6. 營業的種類 7. 經營者（含經營者、家族、使用人及年齡等） 8. 調查前一年指定物品的進貨數目和金額
1. 有 50 人以上員工的工場 2. 有 20 人以上收容人的寄宿宿舍、病院或船舶等	1. 經營體的名稱 2. 事業的種類 3. 調查前一年指定物品的進貨數目和金額

資料來源：臺灣總督府，〈昭和十四年臨時國勢調查要綱〉，《昭和十四年臨時國勢調查提要》，收錄於一橋大學社會統計情報研究中心藏「昭和十四年臺灣臨時國勢調查有關資料」，頁 2～6。

2.「標本的實地調查」

標本的實地調查又稱爲乙種經營體的調查，主要調查對象爲市尹、街庄長指定的經營體，共分爲三大類。第一類爲農業或飲食料製造業者；第二類爲物品販賣業者；第三類爲建築業者。三大類調查內容同樣大致相同，但些許不同。

第一類調查內容爲：經營體名稱、事業的種類（若爲農業，則需填爲自作、佃農或自作兼佃農）、經營的規模（農業爲耕作面積；飲料製造者爲從業人員）、調查日期前一年指定物品的生產數量和金額。第二類調查內容爲：經營體的名稱、營業的種類、經營的型態（批發商或直營商）、從業者、調查日期前一年指定物品的賣出數量和金額。第三類調查內容爲：經營體的名稱、調查日期前一年落成的住宅坪數、調查前一年落成的住宅使用建築材料的數量和費用。標本的實地調查並非全體經營體皆爲調查調查，由市尹或街庄長選定調查對象後，由營業者填寫申告書，申告書的發送、收集及調查機關等事項，則與一般實地調查相同（參表 6-3-2 「標本實地調查」的調查內容）〔註 131〕。

〔註 131〕臺灣總督府，〈昭和十四年臨時國勢調查要綱〉，頁 6～8。

表 6-3-2　「標本實地調查」的調查內容

調查對象	調查內容
農業或飲料業製造者	1. 經營體名稱 2. 事業種類（若爲農業，則需填名爲自作、佃農或自作兼佃農等） 3. 經營規模（農業爲耕作面積；飲料製造者爲從業人員） 4. 調查日期前一年指定物品的生產數量和金額 5. 調查日期前一年指定物品的自家消費數量和金額
物品販賣業者	1. 經營體名稱 2. 營業種類 3. 經營型態（批發商或直營商） 4. 從業者 5. 調查日期前一年指定物品的賣出數量和金額 6. 調查日期前一年指定物品的自家消費數量和金額
建築業者	1. 經營體名稱 2. 調查日期前一年落成的住宅坪數 3. 調查前一年落成的住宅使用建築材料的數量和費用

資料來源：臺灣總督府，〈昭和十四年臨時國勢調查要綱〉，《昭和十四年臨時國勢調查提要》，收錄於一橋大學社會統計情報研究中心藏「昭和十四年臺灣臨時國勢調查有關資料」，頁 6～8。

　　就指定調查物品觀之，指定調查物品分爲十一大類，分別爲：飲食品類，衣物類，日用品類，家具及什器類，燃料類，藥品類、衛生用品及化妝品類，紙類和文具類，印刷物類，運動用具類，玩具類，趣味娛樂用品類。

　　此十一大類調查物品，涉及國民各項生活所需物資。就細部而言，飲食品類包括：穀類、豆類及其製品，蔬菜、水果及其製品，海藻類，魚、肉、乳、蛋及其製品，調理食品、罐頭食品、調味料、飲料、點心等。衣物類包括：布匹，和服，棉、絲、裁縫用品、手工藝品，毛布，洋服，襯衫、毛衣等。日用品類包括：襪子、手套、圍巾、毛巾、帽子、包包、鞋及鞋用品、傘類、「足袋」（袋狀襪子）、時鐘等。家具和什器類包括：「指物」（木板拼成的箱子），雜貨，金屬器具，陶瓷器、土器、玻璃，漆器，電燈泡，乾電池，自行車等。燃料類包括：木炭、煤、煤球等。藥品、衛生用品及化妝品類包括：藥品、衛生用品、醫療機械、醫療器具、化妝品等。紙類和文具類包括：紙類製品及其他等。印刷物類包括：雜誌、報紙及其他印刷品等項目。由以

上分類觀之，可說人民食衣住行育樂等，各種生活所需各方面用品皆包含其中（參表 6-3-3　臨時國勢調查的指定調查物品）〔註132〕。

表 6-3-3　昭和十四年臨時國勢調查的指定調查物品

物品分類	細部內容
飲食品	穀類、豆類及其製品，蔬菜、水果及其製品，海藻類，魚、肉、乳、蛋及其製品，調理食料品、罐頭食料品、調味料、飲料、點心
衣物類	布料，和服，棉、絲、裁縫用品、手工藝品，毛布，洋服，襯衫、毛衣及其他
日用品	襪子、手套、圍巾、毛巾、帽子、包包、鞋類及鞋用品、傘類、足袋、時鐘及其他
家具、什器	指物，雜貨，金屬器具類，陶瓷器、土器、玻璃，漆器，電燈泡，乾電池，自行車及其他
燃料	木炭、煤、煤球、及他
藥品、衛生用品、化妝品	藥品、衛生用品、醫療機械、醫療器具、化妝品
紙類、文具	紙類製品及其他
印刷物	雜誌、報紙及其他印刷品
運動用具	運動用具
玩具	玩具
趣味娛樂用品類	趣味娛樂用品類

資料來源：臺灣總督府，〈昭和十四年臨時國勢調查施行令〉，《昭和十四年臨時國勢調查提要》，收錄於一橋大學社會統計情報研究中心藏「昭和十四年臺灣臨時國勢調查有關資料」，頁 21～25。

　　為了順利進行調查，官房企畫部依據經營體屬性不同，設計了八種申告書，分別為第一至第八號票，第一號票為物品販賣業、物品買賣仲介業者；法人、組合等物品販賣、仲介業經營者使用；第二號票為飲、食品類，衣物類，日用品類，家具及什器類，燃料類，藥品類、衛生用品及化妝品類，紙類和文具類，印刷物類，運動用具類，玩具類，趣味娛樂用品類經營者使用；第三號票則為旅館、料理店、飲食店經營者使用；第四號票則為工場、寄宿

〔註132〕臺灣總督府，〈昭和十四年臨時國勢調查施行令〉，《昭和十四年臨時國勢調查提要》，收錄於一橋大學社會統計情報研究中心藏「昭和十四年臺灣臨時國勢調查有關資料」，頁 21～25。

舍、醫院及船舶運輸業使用；第五號票爲農業用；第六號票爲飲食品製造業者使用；第七號票爲市尹或街庄長指定的物品販賣業者使用；第八號票爲建築業者使用（參圖 6-3-1　昭和十四年臨時國勢調查申告書樣式）〔註 133〕。

圖 6-3-1　昭和十四年臨時國勢調查申告書樣式

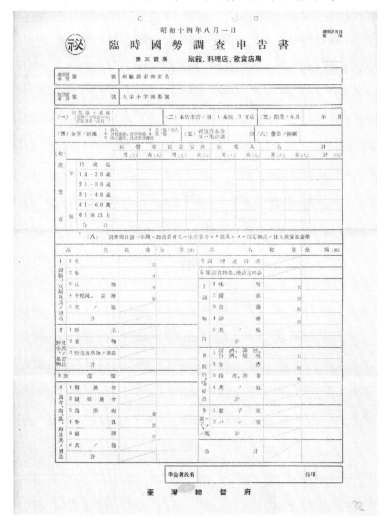

資料來源：臺灣總督府，《昭和十四年臨時國勢調查提要》，收錄
　　　　　於一橋大學社會統計情報研究中心藏「昭和十四年臺
　　　　　灣臨時國勢調查有關資料」。

〔註 133〕臺灣總督府，〈申告書記入心得〉，《昭和十四年臨時國勢調查提要》，收錄於
　　　　一橋大學社會統計情報研究中心藏「昭和十四年臺灣臨時國勢調查有關資
　　　　料」，頁 50～78。

（二）確定經營客體數

實施調查首要步驟，即是確認調查對象總數，確定調查區。以七十個經營體作為一個調查區，一個調查區設一位調查員，但是特殊情形也設兩位調查員〔註134〕。

經各州廳確認事先調查之後，臺灣總計有 14 萬 3,872 個調查客體。分別是一般的實地調查客體的物品販賣業、買賣仲介業有 13 萬 4,133 個；旅館、料理店、飲食店有 3,652 個；工場、寄宿舍、病院有 2,669 個。標本的實地調查客體的農業有 2,110 個；飲料食品製造業有 507 個；物品販賣業有590 個；建築業有 211 個。就各州廳別的情形來看，臺北州共有 3 萬 9,842個調查客體，新竹州共有 1 萬 4,783 個調查客體，臺中州共有 2 萬 8,350 個調查客體，臺南州共有 3 萬 6,884 個調查客體，高雄州共有 1 萬 9,151 個調查客體，臺東廳共有 1,110 個調查客體，花蓮港廳共有 2,464 個調查客體，澎湖廳共有 1,288 個調查客體（參表 6-3-4　昭和十四年臨時國勢調查州別客體概數）〔註135〕。

表 6-3-4　昭和十四年臨時國勢調查州別客體概數

	一般的實地調查客體			標本的實地調查客體			
	物品販賣業、買賣仲介業	旅館、料理店、飲食店	工場、寄宿舍、病院	農業	飲料食品製造業	物品販賣業	建築業
臺北州	37,109	1,024	1,126	240	92	175	76
新竹州	13,739	552	96	260	65	55	16
臺中州	26,548	697	284	530	153	95	43
臺南州	34,781	653	512	600	115	175	48
高雄州	17,871	470	294	360	63	75	18
臺東廳	946	84	40	30	3	5	2
花蓮港廳	2,014	129	252	50	8	5	6

〔註134〕渡邊祐二郎，〈戰時體制下の臨時國勢調查と其の顛末〉，《新竹州時報》31期（1939.12），頁 72。

〔註135〕臺灣總督府，〈總督府官房企畫部臨時職員增置ノ件〉，收錄於一橋大學社會統計情報研究中心藏「昭和十四年臺灣臨時國勢調查有關資料」。

| 澎湖廳 | 1,125 | 43 | 65 | 40 | 8 | 5 | 2 |
| 總　計 | 134,133 | 3,652 | 2,669 | 2,110 | 507 | 590 | 211 |

資料來源：臺灣總督府，〈總督府官房企畫部臨時職員增置ノ件〉，收錄於一橋大學社
會統計情報研究中心藏「昭和十四年臺灣臨時國勢調查有關資料」。

（三）調查的執行

調查的命令發佈之後，各州廳隨即展開籌備事宜，五月下旬完成調查法
規的制訂和調查事務說明會，六月中旬確定調查區、調查員。六月下旬開始，
分別展開國勢調查指導員的訓練會，召開各市郡的事務訓練會，使調查員充
分瞭解調查的旨趣，發佈各種印刷物和傳單，並召集申告義務者開辦座談會
等事項〔註136〕。

例如：臺北州分別於6月5日和7月1日兩日，分別召開兩次臨時國勢
調查說明會，對調查員講授調查主旨和申告書的記入方法等事項，印製四百
份「關於昭和十四年臨時國勢調查」以供參考，會議中並釋疑調查項目的內
容。7月6日至8日三天，則是於臺北市、基隆市、七星郡、淡水郡、基隆郡、
宜蘭郡等地方各街庄，召開調查員的訓練會〔註137〕。

此外，新竹州則是於6月5日，召集各郡、市庶務課長、主任及各街庄
職責擔當者，針對本調查各種事項舉行事務磋商會；6月26日，於新竹市社
會館、6月27日，於苗栗街公會堂舉辦講習會；7月20日，召集各郡市係員
於州會議室，說明調查內容等〔註138〕。臺中州於7月15日至20日，展開調
查準備工作，舉辦說明會〔註139〕。花蓮港廳於6月14日和7月20日，召開
調查訓練會，出席者有廳關係員、廳指導員、街庄職員和調查員，並陸續在
鳳林郡、玉里郡及花蓮郡舉行說明會等〔註140〕。

〔註136〕臺灣總督府，〈總督府官房企畫部臨時職員增置ノ件〉，1939年5月，收錄於一
橋大學社會統計情報研究中心藏「昭和十四年臺灣臨時國勢調查有關資料」。

〔註137〕臺灣總督府，〈昭和十四年臨時國勢調查實施狀況報告ノ件〉（臺北州部分），
1939年3月8日，收錄於一橋大學社會統計情報研究中心藏「昭和十四年臺
灣臨時國勢調查有關資料」。

〔註138〕臺灣總督府，〈昭和十四年臨時國勢調查實施狀況報告二關スル件〉（新竹州
部分），收錄於一橋大學社會統計情報研究中心藏「昭和十四年臺灣臨時國勢
調查有關資料」。

〔註139〕臺灣總督府，〈昭和十四年臨時國勢調查實施狀況報告二關スル件〉（臺中州
部分），收錄於一橋大學社會統計情報研究中心藏「昭和十四年臺灣臨時國勢
調查有關資料」。

〔註140〕臺灣總督府，〈昭和十四年臨時國勢調查實施狀況報告二關スル件〉（花蓮港

　　爲免調查員不瞭解調查的方法，地方官員必須至各地視察，回答調查員的
疑問〔註141〕。指導員更必須在調查實施前，先視察各市街庄設定的標本實地調
查物件，準備調查用印刷用品、徽章等物品，以及調查質疑問答錄等，並召集
轄區內申告義務者開辦講習會，召集市街庄義務申告者召開講習會，發送練習
用申告紙供其練習書寫〔註142〕，或是在市街庄的公會堂舉行演講會和座談會，
並印製海報張貼在公共場所，以達成普及和宣傳調查的目的〔註143〕。

　　由於必須受調的商業經營體頗多，調查員事務頗爲繁雜，且因並非所有
申告者都能自行書寫申報單，調查員常需代筆，還須再三對商家說明調查的
主旨，並且向受調者保證，調查並非爲了課稅，也不會將其商業機密洩漏，
新竹州爲了激勵地方各市郡完善施調，調查前一個月還特地拍鼓勵電報，以
資慰問〔註144〕。

　　根據各州知事給官房企畫部長的回報，臺灣各地在 8 月 1 日時，皆順利
地實施調查，於 8 月 15 日，完成一般的實地調查；8 月 25 日，完成標本的
實地調查；9 月 15 日完成申告書的收集作業程序〔註145〕。根據報導，一般
商家均頗配合調查，一位煙草販賣商人即指出，臨時國勢調查是關於社會經
濟事項的特殊調查，著眼於國民消費的物資數量、金額及其分佈狀態或配給
狀態，作爲各種施政方針的基礎，因此頗爲支持該調查〔註146〕。臺南州知
事也向總督回報，當地商家頗支持調查的實施，臺南市林百貨店、臺南州購
買組合等團體，爲了特定持有物品數量的調查，還特地爲此休業一天以配合
調查〔註147〕。至 1940 年 11 月，調查結果經過統整和編集之後，1941 年 3
月編製結果表〔註148〕。

　　　　廳部分），1939 年 8 月 5 日，收錄於一橋大學社會統計情報研究中心藏「昭
　　　　和十四年臺灣臨時國勢調查有關資料」。
〔註141〕臺灣總督府，〈昭和十四年臨時國勢調查實施狀況報告ノ件〉（臺北州部分）。
〔註142〕臺灣總督府，〈昭和十四年臨時國勢調查實施狀況報告ニ關スル件〉（花蓮港
　　　　廳部分）。
〔註143〕渡邊祐二郎，〈戰時體制下の臨時國勢調查と其の顛末〉，頁72～73。
〔註144〕臺灣總督府，〈昭和十四年臨時國勢調查實施狀況報告ニ關スル件〉（新竹州
　　　　部分）。
〔註145〕臺灣總督府，〈總督府官房企畫部臨時職員增置ノ件〉。
〔註146〕中田正明，〈臨時國勢調查と統計の意義〉，《臺灣の專賣》，18 卷 7 期
　　　　（1939.7），頁 5～6。
〔註147〕臺灣總督府，〈昭和十四年臨時國勢調查實施狀況報告ニ關スル件〉（臺南州
　　　　部分）。
〔註148〕臺灣總督府，〈總督官房企畫部臨時職員增置ノ件〉。

三、昭和十四年臨時國勢調查之成果

　　1941 年 9 月，企畫部出版「昭和十四年臨時國勢調查結果表」，全書共分三卷，以九大統計表呈現 1939 年時，臺灣地區各項物資的流通。第一表爲「以經營型態來區分的店鋪數、從業人員和營業額」；第二表爲「以經營型態來區分的從業者的種類和營業額」；第三表爲「以經營種類來區分的從業人員年齡和教育程度」；第四表爲「以從業人員階級來區分的從業者的類別及其營業額」；第五表爲「以開業的時間和企業的組織分類的店鋪數目」；第六表爲「以資本額來區分法人經營的總行或分行及其營業額」；第七表爲「以經營型態來區分指定調查物品的營業額」；第八表爲「以經營型態來區分特定調查物品的擁有量」；第九表爲「以經營型態來區分指定飲食品從批發商或生產者的購入額」。

　　全書總共三卷，第一卷爲第一表至第六表，探討 48 種指定商品的情形，分爲全島編和州廳編兩部分；第二卷爲第七表，觀察指定調查物品的營業額；第三卷爲第八表和第九表，則是觀察指定調查商品的持有量和購入額。三卷編排格式相同，首先介紹臺灣全島狀況，再依照臺北州、新竹州、臺中州、臺南州、高雄州、臺東廳、花蓮港廳、澎湖廳等順序，分別歸納各州廳的情形，最細探討到各郡別〔註 149〕。

（一）統計表的分類特色

　　就各表的特色來看，第一表至第六表縱欄都是相同的，即是盧列臺灣所見各商業經營體的營業種類，亦即爲米穀販賣業、雜穀類販賣業、蔬菜水果類販賣業、豆腐類販賣業等，總共四十八種營業種類〔註 150〕，橫欄即是欲探

〔註 149〕臺灣總督府企畫部，《昭和十四年臨時國勢調查結果表》（臺北：該部，1941.9）。
〔註 150〕這 48 種營業種類分別是：米穀販賣業、雜穀類販賣業、蔬菜水果類販賣業、豆腐類販賣業、鮮魚介類販賣業、鳥獸肉類販賣業、乾物類販賣業、酒類調味料清涼飲料販賣業、點心麵包類販賣業、其他飲料食品販賣業、各種飲食品販賣業、絲類販賣業、吳服衣物販賣業、和洋服類販賣業、寢具棉被類販賣業、洋品雜貨販賣業、皮革類販賣業、靴褲類販賣業、和傘類販賣業、化妝品類販賣業、時鐘眼鏡貴金屬類販賣業、其他日用品類販賣業、家具類販賣業、雜貨類販賣業、金屬材料類販賣業、金物類販賣業、陶瓷玻璃類販賣業、薪碳類販賣業、其他燃料類販賣業、紙及紙製品文具事務用品類販賣業、圖書雜誌報紙類販賣業、玩具運動具類販賣業、樂器寫眞機類販賣業、古物商、古材類販賣業、瓦和石材煉瓦土石類販賣業、肥皂類販賣業、肥料販賣業、醫藥品類販賣業、工業用品及染料顏料類販賣業、電器器具類販賣業、電器機械類販賣業、理化學機械醫療機械及度量衡類販賣業、農業用機械和農具類販賣業、車輛類販賣業、其他物品販賣業、各種物品販賣業。

討的項目。

　　第一表爲「以經營型態來區分的店鋪數、從業人員和營業額」：即是將上述四十八種營業種類，劃分爲零售店、百貨店、生產商、零售商、路邊攤、批發商、貿易商、產業組合、消費者團體、其他的共同購買及共同販賣業、物品買賣仲介業等十一類經營型態，並呈現每一類經營型態的總店鋪數、營業人員數目及營業額〔註151〕。

　　第二表爲「以經營型態來區分的從業者的種類和營業額」，將上述四十八種營業種類，劃分爲零售店、百貨店、生產商、零售商、路邊攤、批發商、貿易商、產業組合、消費者團體、其他的共同購買及共同販賣業、物品買賣仲介業等，十一類的經營型態。再細分這十一類經營型態的從業者種類，將其區分爲經營者、從業家族、使用人三種，並呈現其男女人數及額業額〔註152〕。

　　第三表爲「以經營種類來區分的從業人員年齡和教育程度」，將上述四十八種營業種類，依照從業人員年齡，劃分爲 15 歲以下、16～20 歲、21～30歲、31～40 歲、41～60 歲、61 歲以上等六類，分別呈現其男、女人數和總人數〔註153〕。

　　第四表爲「以從業人員階級來區分的從業者的類別及其營業額」，將上述四十八種營業種類，依照從業人員人數，劃分爲 1 人、2 人、3 人、4 人、5人、6～10 人、11～20 人、21～30 人、31～50 人、51～100 人、101～500 人等十一類，再從中呈現個別種類中從業者、從業家族及使用人的各別人數及營業額〔註154〕。

　　第五表爲「以開業的時間和企業的組織分類的店鋪數目」，將上述四十八種營業種類，依照開業時間，劃分爲1～2 年、3～4 年、5～6 年、7～8 年、9～10 年、11～12 年、13～14 年、15～16 年、17～18 年、19～20 年、21～22年、23～24 年、25～26 年、27～28 年、29～30 年、31～32 年、33～34 年、35～36 年、37～38 年、39～40 年、41～42 年、43～44 年、45～46 年等二十

〔註151〕　臺灣總督府企畫部，《昭和十四年臨時國勢調查結果表》，第一卷，全島編（臺北：該部，1941.9），頁 38～47。

〔註152〕　臺灣總督府企畫部，《昭和十四年臨時國勢調查結果表》，第一卷，全島編，頁 36～47。

〔註153〕　臺灣總督府企畫部，《昭和十四年臨時國勢調查結果表》，第一卷，全島編，頁 122～123。

〔註154〕　臺灣總督府企畫部，《昭和十四年臨時國勢調查結果表》，第一卷，全島編，頁 142～145。

三類，分別呈現其店鋪的數量。先呈現企業組織的總數，再區分爲合名會社和合資會社、株式會社和株式合資會社、法人、其他、個人等五大類〔註155〕。

第六表爲「以資本額來區分法人經營的總行或分行及其營業額」，將上述四十八種營業種類，依照資本額，分爲一萬圓以內、一萬圓以上、五萬圓以上、十萬圓以上、五十萬圓以上、百萬圓以上、五百萬元圓以上等七類。再針對合名會社和合資會社、株式會社和株式合資會社、法人及其他、個人等，五大類的公司行號，統計其總行和分行的店鋪數目及其營業額總數〔註156〕。

第七表爲「以經營型態來區分指定調查物品的營業額」，將指定調查物品：飲食品、被服類、日用品、家具什器、燃料、藥品、衛生用品、化妝品，紙類文具、印刷物、運動用具、玩具、趣味娛樂用品類等，以零售店、百貨店、生產商、零售商、路邊攤、批發商、貿易商、產業組合、消費者團體、其他的共同購買及共同販賣業、物品買賣仲介業等，十一種經營型態分類之後，觀察各類的店鋪數量，以及一年的總營業額〔註157〕。

第八表爲「以經營型態來區分特定調查物品的擁有量」，將第七表所述的指定調查物品，以上述十一種經營型態區分，觀察其店鋪數和一年內所囤積的數量〔註158〕。

第九表爲「以經營型態來區分指定飲食品從批發商或生產者的購入額」，將指定的飲食料品分爲米穀類、蔬菜類、海藻類、魚貝肉乳類、調理食品、罐頭食品、飲料、調味料、點心等，觀察商業經營體一年內的購買數量〔註159〕。

（二）統計表中的資訊

限於論文篇幅，無法一一盧列統計表中的資料，在此僅列舉部分。根據統計結果，1939 年時，全臺灣的經營體總數共計 8 萬 9,858 個，共有 22 萬 6,850 位營業員，營業總額是 14 億 4,881 萬 1,687 圓。至於個別種類店鋪的情形，

〔註155〕臺灣總督府企畫部，《昭和十四年臨時國勢調查結果表》，第一卷，全島編，頁 188～205。
〔註156〕臺灣總督府企畫部，《昭和十四年臨時國勢調查結果表》，第一卷，全島編，頁 322～329。
〔註157〕臺灣總督府企畫部，《昭和十四年臨時國勢調查結果表》，第二卷，下編（臺北：該部，1941.9）。
〔註158〕臺灣總督府企畫部，《昭和十四年臨時國勢調查結果表》，第三卷（臺北：該部，1941.9）。
〔註159〕臺灣總督府企畫部，《昭和十四年臨時國勢調查結果表》，第三卷（臺北：該部，1941.9）。

請參表 6-3-5　1939 年臺灣各種類店鋪的總數、營業人員數及營業額〔註160〕。

表 6-3-5　1939 年臺灣各種類店鋪的總數、營業人員數及營業額

	總數（個）	營業人員數（人）	營業額（圓）
零售店	46786	108,323	243,353,214
百貨店	3	423	7,548,435
生產商	13,651	40,911	51,190,856
零售商	7,031	33,108	347,880,442
路邊攤	15,854	19,650	13,3783,80
批發商	4,147	15,942	456,645,247
貿易商	45	478	85,542,622
產業組合	332	2,275	37,310,655
消費者團體	384	1,308	8,492,148
其他的共同購買及共同販賣業	274	1,095	15,802,250
物品買賣仲介業	1,351	3,337	181,667,420
合　計	89,858	226,850	144,8811,687

資料來源：臺灣總督府企畫部，《昭和十四年臨時國勢調查結果表》，第一卷，全島編
　　　　　（臺北：該部，1941.9），頁 2～5。

　　其二、就經營體的年齡別而言：1939 年，臺灣島內經營體的從業人員總
數有 22 萬 6,850 位，男性 17 萬 6,666 位，女性 5 萬 184 位。就細部年齡別來
看，15 歲以下的營業人員，男性有 7,639 位，女性有 3,553 位。16～20 歲的
營業人員，男性有 2 萬 7,542 位，女性有 7,467 位。21～30 歲的營業人員，男
性有 4 萬 9,320 位，女性有 1 萬 2,826 位。31～40 歲的營業人員，男性有 4 萬
3,061 位，女性有 1 萬 2,562 位。41～60 歲的營業人員，男性有 4 萬 2,210 位，
女性有 1 萬 1,835 位。61 歲以上的營業人員，男性有 6,894 位，女性有 1,941
位（參表 6-3-6　1939 年臺灣商店從業人員年齡別）〔註161〕。

〔註160〕臺灣總督府企畫部，《昭和十四年臨時國勢調查結果表》，第一卷，全島編，
　　　　頁 2～5。
〔註161〕臺灣總督府企畫部，《昭和十四年臨時國勢調查結果表》，第一卷，全島編，
　　　　頁 122～123。

表 6-3-6　1939 年臺灣經營體從業人員年齡別（單位：人）

	15 歲以下	16～20 歲	21～30 歲	31～40 歲	41～60 歲	61 歲以上
男	7,639	27,542	49,320	43,061	42,210	6,894
女	3,553	7,467	12,826	12,562	11,835	1,941
合　計	11,192	35,009	62,146	55,623	54,045	8,835

資料來源：臺灣總督府企畫部，《昭和十四年臨時國勢調查結果表》，第一卷，全島編
　　　　　（臺北：該部，1941.9），頁 2～5。

　　其三、就經營體的人數及總營業額的分類而言：1939 年，臺灣島內僅為
1 人從業員的店鋪有 3 萬 2,299 間，總營業額為 52,92 萬 4,983 圓。2 人的有 2
萬 9,866 間，總營業額為 1 億 3,488 萬 7,554 圓。3 人的有 1 萬 3,397 間，總營
業額為 1 億 5,750 萬 7,193 圓。4 人的有 5,936 間，總營業額為 1 億 3,241 萬
6,691 圓。5 人的有 2,931 間，總營業額為 1 億 2,093 萬 6,979 圓。6～10 人的
有 4,138 間，總營業額為 3 億 2,727 萬 4,790 圓。

　　11～20 人的有 989 間，總營業額為 2 億 3,032 萬 7,749 圓。21～30 人的
有 177 間，總營業額為 5,589 萬 5,821 圓。31～50 人的有 75 間，總營業額為
1 億 0,155 萬 1,612 圓。51～100 人的有 30 間，總營業額為 3,390 萬 0,904 圓。
101～500 人的有 20 間，總營業額為 1 億 0,118 萬 8,411 圓（參表 6-3-7　1939
年臺灣島內經營體規模及總營業額）〔註 162〕。

表 6-3-7　1939 年臺灣島內經營體規模及總營業額

	店鋪數（間）	總營業額（圓）
1 人	32,299	52,924,983
2 人	29,866	13,4887,554
3 人	13,397	15,7507,193
4 人	5,936	132,416,691
5 人	2,931	120,936,979
6～10 人	4,138	327,274,790
11～20 人	989	230,327,749

〔註162〕臺灣總督府企畫部，《昭和十四年臨時國勢調查結果表》，第一卷，全島編，
　　　　頁 144～145。

21～30 人	177	55,895,821
31～50 人	75	101,551,612
51～100 人	30	33,900,904
101～500 人	20	101,188,411

資料來源：臺灣總督府企畫部，《昭和十四年臨時國勢調查結果表》，第一卷，全島編
（臺北：該部，1941.9），頁 144～145。

　　其四，就經營體的資本額和總營業額的分類而言：1939 年，臺灣資本額
一萬圓以內的店鋪，本店有 343 間，分店有 13 間，總營業額為 1,814 萬 3,533
圓。資本額一萬圓以上的店鋪，本店有 616 間，分店有 117 間，總營業額為
9,005 萬 1,441 圓。資本額五萬圓以上的店鋪，本店有 141 間，分店有 46 間，
總營業額為 5,772 萬 4,285 圓。資本額十萬圓以上的店鋪，本店有 120 間，分
店有 112 間，總營業額為 1 億 4,930 萬 7,027 圓。資本額五十萬圓以上的店鋪，
本店有 14 間，分店有 31 間，總營業額為 3,651 萬 6,350 圓。資本額百萬圓以
上的店鋪，本店有 14 間，分店有 52 間，總營業額為 9,196 萬 6,260 圓。資本
額五百萬圓以上的店鋪，本店有 4 間，分店有 132 間，總資本額為 1 億 3,547
萬 1,666 圓（參表 6-3-8　1939 年臺灣店鋪資本額及營業額統計表）〔註 163〕。

表 6-3-8　1939 年臺灣店鋪資本額及營業額統計表

	一萬圓以內	一萬圓以上	五萬圓以上	十萬圓以上	五十萬圓以上	百萬圓以上	五百萬圓以上
本店（個）	343	616	141	120	14	14	4
分店（個）	12	117	46	112	31	52	132
總營業額（圓）	18,143,533	90,051,441	57,724,285	149,307,027	36,516,350	91,966,260	13,5,471,666

資料來源：臺灣總督府企畫部，《昭和十四年臨時國勢調查結果表》，第一卷，全島編
（臺北：該部，1941.9），頁 322～323。

〔註 163〕臺灣總督府企畫部，《昭和十四年臨時國勢調查結果表》，第一卷，全島編，
　　　　　頁 322～323。

　　總之，昭和十四年的臨時國勢調查係因應戰爭時期，對物資控管的需求所進行的調查，是非常時期的統計調查。橫山雅男指出，在日本正處於建設東亞新秩序的聖戰時期，為了在國家貫徹充實軍備、擴充生產力、振興貿易、開發中國大陸等國家政策的同時，還能與國民的實際生活相互調和，不至違背，因此亟需臨時國勢調查的結果作為參考，認為臨時國勢調查成功與否，對國家前途有深切影響，是為達成「聖戰」的目的，必須實施對國民日常生活所需物資的事項〔註164〕，顯示其對這項調查的支持。而從各州廳傾全力支援，也可知該調查在戰爭時期，對掌控臺灣物資流通的重要性。

　　綜合以上可知，七七事變為臺灣總督府統計事業的關鍵轉捩點。在戰爭的陰影下，總督府的統計政策急速地轉變。其一、統計機關從官房調查課改制為官房企畫部，將統計活動納入國家總動員的體系中。其二、實行各種為掌控臺灣地區人和物資源的統計調查。雖然 1937 年實施的家計調查初衷並非為了戰爭需要，但當 1943 年再度實施時，卻調整調查內容，使該調查一躍成為決戰下國民生活計畫的指導原則〔註 165〕。戰時體制下的國勢調查，調查內容也與平時大異其趣，是以成為重要的國策資料為著眼目標所實施〔註 166〕。昭和十四年的臨時國勢調查更是典型，為了掌握物資流向而實施的統計調查。

　　最後，對於總督府針對「物資」所實施的兩大統計調查：家計調查和昭和十四年臨時國勢調查，實有更度深入比較和探討的價值。前者是以家計的角度，探知臺灣社會的消費喜好與消費金額；後者是以商店營業的角度，探知物資的價錢、數量和流向。由《家計調查結果報告》可看出日治後期，臺灣家庭的消費型態，以及日本人和臺灣人不同的生活愛好。由《昭和十四年臨時國勢調查結果表》可看出，各種重要國民生活物資如：奶蛋魚肉豆、服裝織物、文具用品等，在各店鋪的買賣狀況。如能將這兩大統計調查的結果相互比較，究明日治後期臺灣的物質生活，應是頗具意義的研究課題。

〔註164〕橫山雅男，〈鐵研漫筆（三二）〉，頁 293。
〔註165〕〈家計調查指導員事務打合會〉，《臺灣日日新報》，15577 號，1943 年 7 月 15 日，2 版。
〔註166〕臺灣總督府企畫部，〈本年度國勢調查 十一月一日實行〉，《臺灣總督府企畫部報》，106 期（1940），頁 29。

第七章　結　論

　　日治時期，日人在臺灣建立統計機關與實施統計調查，五十年不曾間斷，
所編製之統計書成爲總督府各階段施政的參考。日本比歐美各國統計發展的
歷史較晚，但在當局急起直追下，至 1930 年時，第十九屆國際統計會議已在
東京舉辦，足見日本自明治時期以來，統計的成就已被國際所認可，當時日
本統計界即認爲，這是日本與國際統計界並駕齊驅的象徵〔註1〕，而從日本國
內舉辦的統計展覽會中，也可見其對本國統計成果的信心。

　　綜合本文之論述，有以下發現或淺見：

一、統計機關的變遷及業績

　　首先，統計學誕生於歐洲，是爲了政治的需求而產生，由於各國國情不
同，需求各異，因而醞釀各種不同學派。文藝復興之後，隨著重商主義和帝
國主義的盛行，各國統計活動日盛，爲了國際的統計合作，興起了國際性的
統計組織，先後出現的國際統計會議和國際統計協會，整合了各國歧異的統
計派別，將十九世紀推往統計的時代。國際統計組織對國際的統計合作有諸
多貢獻，不但確立各項統計調查體例，也鼓勵學者發表統計研究論文，影響
日本統計政策頗深，更直接被運用至殖民地臺灣的統計調查。

　　統計在幕末維新時傳入日本，明治初期政局尚不穩定，中央統計機關歷
經數次調整，分別爲太政官政表課、統計院、內閣統計局、國勢院等，在有
志官員和統計家的努力下，持續地進行統計活動，確定綜合統計書體例，並
發起國勢調查運動，鼓吹人口調查。日本於本國發展統計之餘，鑑戒西方帝

〔註 1〕　〈國際統計會議の準備狀況〉，《統計集誌》，590 號（1930.8），頁 53。

國主義國家統治殖民地的經驗，加以新領土的風土民情急待瞭解，統計家也有以統計做為領土擴張的意識。共立統計學校出身的統計官員，相繼來到臺灣，幫助總督府實施殖民地統計，奠定臺灣的統計制度。

日本領有臺灣之後，設置臺灣總督府掌理殖民地施政，府內統計機關自1896 年 4 月開始運作，至 1945 年 8 月戰爭結束，日本退出臺灣為止，五十年間，於臺灣實施統計調查、編製統計書，舉辦統計講習會，訓練地方統計人才，以及開辦臺灣統計協會，在臺灣普及統計知識，形成殖民地臺灣特有的統計文化。因應時代需求，統計機關分別為官房文書課、官房統計課、官房調查課、官房企畫部、企畫部及總務局統計課，各階段皆有其特色和貢獻。

官房文書課為初建期的統計機關，存續時間為 1896 年 4 月至 1908 年 7月。在此階段，總督府首次發行《臺灣總督府統計書》，並實施第一次臨時臺灣戶口調查。前者係根據各部局回報〈臺灣總督府報告例〉所載事項編製，每年一編，為臺灣總督府施政的具體成績；後者為東亞首次的人口調查，根據調查結果編製的人口統計，使臺灣從未為人所知的人口狀態大白於世。從地方官員給〈臺灣總督府報告例〉的回覆，與第一次臨時臺灣戶口調查結果可知，此階段統計之特色，在於掌握臺灣住民狀況，作為維持治安和掌控社會的根據。

官房統計課為獨立期的統計機關，存續時間為 1908 年 7 月至 1918 年 6月。第一次臨時臺灣戶口調查之後，統計業務趨於繁雜，為使統計有一專責機關，因此成立官房統計課，重要業務統計也交辦至該課，首任課長為水科七三郎。《臺灣人口動態統計》和《臺灣犯罪統計》兩項業務統計，與第二次臨時臺灣戶口調查，為此階段重要業績。《臺灣人口動態統計》究明臺灣人口出生、死亡、移出、移入等動態，與人口靜態統計相互參照，作為算定人口數的依據；《臺灣犯罪統計》究明臺灣的犯罪型態和性質，成為預防犯罪的參考數據；第二次臨時臺灣戶口調查，則呈現臺灣十年來之社會變遷樣貌。此時期的統計特色，在於奠定兩項業務統計的編製基調，繼續實施第二次臨時臺灣戶口調查，基層統計官員在此階段開始展露頭角，顯示殖民地臺灣的統計調查已經制度化。

官房調查課為擴展期的統計機關，存續時間為 1918 年 6 月至 1939 年 7月。擴展原因係因應日本對南支南洋活動日增，輿論要求作為南方基地的臺灣，應善盡調查瞭解南方之責，為順應形勢，總督府將官房統計課改組成為

官房調查課。除了原來的統計業務,另加上南方調查業務和國家總動員事項。
在此時期,統計活動未因機構調整而減少,反呈擴展之勢,重要業績爲:國
勢調查、資源調查及家計調查。國勢調查爲臺灣第三次人口調查,作爲臺灣
本身、臺灣與日本,以及臺灣與其他殖民地參照;資源調查爲配合對日本對
外擴張政策實施,主要配合母國政策探勘臺灣資源;家計調查爲瞭解臺灣人
收入和支出的家計狀況,主要爲制訂合理的米穀價格而實施。殖民地臺灣開
始與母國同步,實施因應日本國內政策所需的統計調查,殖民地臺灣的統計
被納入母國,爲此階段的特色。

　　至於戰爭時期,由於政治不穩定,統計機關更動頻繁,爲官房企畫部、
企畫部及總務局統計課,存續時間爲 1939 年 7 月至 1945 年 8 月。大正期之
後,日本軍部以徵兵作爲政治改革的訴求,影響國內政治和外交政策,作爲
國情參考的統計機關角色也隨之轉換。結合內閣統計局和軍需局的國勢院,
是統計走向總動員體制的第一步,其後,資源局和企畫院相繼設立,總動員
法公佈之後,統計成爲遂行戰爭的工具,持續至終戰爲止。

　　呼應國策,總督府將官房調查課改組爲官房企畫部,成爲戰爭時期總動
員體制下,臺灣總督的諮詢機關與各部局的聯絡機關,隨後,更於官房中獨
立成爲企畫部,更彰顯作爲總動員中樞機關的機能。此時,各項配合控制戰
爭物資和人力,所進行的統計調查接力展開,最重要的爲昭和十四年臨時國
勢調查,主要以商家爲調查對象,理解各項民生物資的流通,以利掌握臺灣
的消費情形。此階段的特色,爲掌控各種軍需和民需物資,與戰爭時期的人
力資源,作爲持久戰的準備。不過,至日治末期,總督府統計機關的編制即
越顯縮小,可合理推測至戰爭後期,隨著經費吃緊,相較於對物資的動員,
統計調查已非總督府主要政策。另外,後期總督府統計資料頗多散佚,總督
府最後期的統計機關是否爲總務局統計課,或爲其他,該機關人事和業績如
何,於政權交替之後是否有影響等,均有待日後繼續追蹤。

　　由以上可知,臺灣總督府統計活動可分爲二個階段:一、爲 1896 年 6
月至 1918 年 6 月,重點在建立臺灣的統計制度,實施經營殖民地必須的基
礎統計,作爲瞭解臺灣和經營臺灣的參考。二、爲 1918 年 6 月至 1945 年 8
月,重點在於將臺灣納入母國系統,以統計作爲順遂日本對外擴張的知識
庫。

二、日治時期在臺灣的統計家

再則，日人在臺灣的統計活動得以順利實施統計，歸功於殖民地的統計官員，爲徹底發揮統計機能，日人統計家先後來到臺，執行業務所需之統計活動，稱職地扮演角色。日治時期，來臺灣的統計官員，配合當局統計政策，可分爲三個階段，前期，重要統計家爲：新倉蔚、竹村諫、水科七三郎、竹田唯四郎、濱田文之進。這五人皆是共立統計學校的畢業生，多具有中央統計機關服務，以及北海道服務經驗，透過籌辦統計學會和統計講習會，傳達統計知識和凝聚統計共識，奠定臺灣的統計制度。

水科七三郎來臺之後，以其在日本主持統計團體的經驗，在臺灣組織臺灣統計協會。臺灣統計協會以交流統計知識、改善臺灣社會對統計之誤解爲宗旨，會員多是總督府體制內的重要官員，機關刊物爲《臺灣統計協會雜誌》。並透過中央和地方舉辦的統計講習會，對基層官員散佈統計知識，形成一股特殊的統計家集團。透過雜誌和統計講習會可知，統計家認爲統計是帝國開疆闢土的先遣步驟，要穩定經營新領土，首先要實施統計，在臺灣徹底實施統計，可收經營之效。

中期，重要統計家爲：福田眞鷹和堤一馬。此時臺灣總督府的統計制度已建立完成，兩位皆是總督府統計機關體制內，由基層的雇、屬至統計官，逐步穩定升遷的官員，統計政策蕭規曹隨，雖然並無重大變化，但穩定前進。後期，重要統計家爲：原口竹次郎、大竹孟、柿崎宗穎。隨著日本對外擴張腳步，在臺灣統計技術趨於成熟的前提下，此階段來臺的統計官員接銜負調查臺灣和南方之責，提供母國對外擴張的資訊，其中，原口竹次郎被稱爲日本南方調查的先驅，大竹孟、柿崎宗穎則來自於資源局系統。

綜觀日治時期在台灣的統計家，於不同時期接力來臺，因應各項政策實施統計調查，成爲殖民當局各種施政問題的解答者，然而，值得注意的是，隨著時代變遷，統計家對於向本島人執行統計調查時，心態也所有改變。在前期，統計官員在執行統計調查任務時，美其名爲在臺灣傳布統計知識，但在訓練臺灣民眾的過程中，卻難掩優越國的心態，認爲臺灣人文明低落，不能理解統計調查的意義。然而，統計調查爲歐洲的產物，別說是本島人，連內地人也未必瞭解調查的旨趣〔註2〕，統計家的言論過於霸權和武斷。

至日治中後期，隨著日本在臺灣的殖民統治趨向穩定，業務統計和人口

〔註 2〕〈誤解戶口調查旨趣〉，《臺灣統計協會雜誌》，11 號（1905.7），頁 83。

統計事項步上軌道，各種基礎統計建設已然完備，此時，順應殖民母國的需求，臺灣的統計家執行統計調查的主軸，轉以瞭解臺灣各項人和物的資源為主。於此時期，對統計家對受調對象的評論，不再是負面的觀感，而是多抱持肯定，認為不論內地人或本島人，皆能理解政府的政策，誠實且敏捷的執行調查，其言論意向，可看出統計家對臺灣社會印象的轉變。

三、人口調查對掌控住民的重要性

國家主要的構成元素為人口，理解人口特質為執政者基本功課，人口調查為日本殖民臺灣的基礎事業。雖然第一次臨時臺灣戶口調查對日本而言，為一實驗性質的統計調查，但調查結果使臺灣的人口狀態大為明朗，使戶口資料更為精確，更是總督府統計調查的重要里程碑。輿論普遍給予第一次臨時臺灣戶口調查高度評價，認為是杉亨二理念在臺灣的實踐，母國人口調查的典範，以及 20 世紀初期觀察華南地區漢人住民實態最有利的參考資料。

1915 年之後，總督府接續實施第二次人口調查，並加以比較臺灣社會十年來的變遷；1920 年繼續實施的第三次調查，更是與日本同步實施且正名為國勢調查。綜觀日治時期，總計實施七次，所記載之詳細人口資料，足以長期觀察臺灣人口變遷情形。雖然為人口調查，但因應時代的不同氛圍，調查內容也有所調整，可說人口調查也足以反應國家發展趨勢。

而因應人口調查，總督府更確定臺灣住民的人口登記方式，1905 年之後戶口調查簿成為臺灣住民最精確的基本資料，為順利推動人口動態統計，官方接連公告「人口異動屆出規則」與「戶口規則」兩項人口異動的申告標準，透過綿密的戶口報告機制，徹底掌握臺灣住民的各項異動情形。「戶口規則」更打破向來戶籍簿和戶口調查簿雙軌並行的戶口登記制度，建立全新的戶口調查簿和戶口調查副簿，使支廳和警察擁有同樣的戶口報告系統，透過住民異動時提出的申請書，每年據此編製《臺灣人口動態統計》，確實地掌握臺灣住民動態和流動，更精密地掌控臺灣社會。可說，總督府藉著實施人口調查，同時制訂臺灣住民的戶口登記和流動回報制度的基礎。

四、統計調查與數字化管理的意義

從 19 世紀開始，現代化的統計調查被使用在歐洲和美洲，統計資訊被正確地收集和記載，至 20 世紀時，更被廣泛地運用至全世界，官方從事統計調查，主要目的在促進施政效率，數字化的表格是一種便於管理資訊的形式，

若沒有這些詳細的統計數字，國家的行政管理便無法順暢地運作〔註3〕，可說，統計是增強國家基本力量的技藝〔註4〕，實施統計更是政權維持治理性穩定不墜的重要手段。

對照日治時期的統計調查也可得到此論證。1903年10月，祝辰巳於第一屆統計講習會開會儀式中指出，實施統計是對社會組織和國民生活的審視，爲使國家獲得繁榮，國民獲得幸福，不讓行政措施和產業經營無端重複和浪費，首先即是要對國家的狀況有基本的認知〔註5〕。可知，殖民當局對臺灣實施統計調查，目的是爲了進行資訊控管，並非滿足對臺灣住民無私的好奇心〔註6〕，統計係殖民當局順遂統治的手段。

從1899年確立「臺灣總督府報告例」報告制度，至1905年的人口普查，1908年的人口動態統計政策，1937年的家計調查，乃至於1939年的昭和十四年臨時國勢調查，將政府治理人民必須掌握的人口數量、生活必需品、民眾的健康、人民的工作，以及促使商品流通等各種項目，透過數字化管理，清楚且具體地掌握其中，由此可知，日治時期的臺灣政權，實已具備現代化國家治理性的要素。

而政府單位實施統計之前，必須先理解國家的需求，才能實施切合需求的統計，將統計發揮最大的效益，統計前的準備作業甚爲重要，而這需仰賴機能完善的政府組織〔註7〕。日本治理臺灣五十年間，臺灣總督府能維持統計恆常的實施，持續進行統計調查不間斷，並控制調查報告的品質，這必須從中央至地方，具備綿密和完備的行政體系，統計也是總督府行政組織完整化和機能化的證明。

日本雖是晚進的帝國主義國家，卻能以數字化管理治理臺灣，使臺灣各方面資訊被數字化和量化，初期臺灣人對統計調查尚且陌生，以爲是政府徵兵或是加稅的伎倆，當局必須對臺灣人進行宣導教育，才能使調查順利實施。

〔註3〕 Theodore M. Porter,*"The Rise of Statistical Thinking 1820～1900"*,USA：Princetion University Press,1986,p.17.

〔註4〕 Michel Foucault,"Security, Territory, Population:Lectures at the College De France, 1977～1978", p.422.

〔註5〕 祝辰巳,〈臺灣總督府統計講習會開會式〉,《臺灣統計協會雜誌》,1號(1903.11),頁9。

〔註6〕 George Barcly, *"Colonial Development and Population in Taiwan"*, p.x.

〔註7〕 Michel Foucault, *"Security, Territory, Population:Lectures at the College De France, 1977～1978"*, pp.408～411.

在殖民政府的宣導和訓練下，臺灣人從質疑調查、畏懼調查，到理解調查、配合調查，逐漸習慣被調查，認同現代化國家「數人頭」的治理方式，甚至願意犧牲日常作息配合，足見總督府統計調查的成功之處。

五、統計調查建構了殖民知識和帝國知識

帝國主義盛行時期，在殖民風潮的帶動之下，關於殖民地土地、田地、作物、森林、種姓、部落等，各種數字化的調查十分盛行，結果足以影響統治者的施政方針〔註8〕，日本做為後進的帝國主義國家，調查功力更勝於歐美。有論者即指出，日治時期的臺灣，可能是全世界被調查的最完整的區域，每年有大量的統計數據、調查報告不斷地被編纂，各種知識不斷的被調查，一直到沒有東西可以再加進原先的知識之中為止。殖民當局以統治者的俯視角度，居高臨下地凝視殖民地〔註9〕，對臺灣展開各式調查，形成一個複雜的殖民知識體系，殖民政權渴望知道關於殖民地的事實，這些數字和圖表，滿足了殖民者對於殖民地知識的渴求，調查報告成為一種殖民知識，足以理解殖民地，並施以正確施政方針的基礎知識〔註10〕。

而這些殖民知識是否足以適切地代表被殖民者？自薩伊德以來，殖民知識的本質即頗受討論和檢視，有學者認為，將殖民當局建構的殖民知識，視為一種扭曲的再現，不盡然適用於殖民地臺灣的狀況，因母國在經營殖民地時，應有一套相對應的知識，作為協助管理的工具，臺灣作為帝國的經濟命脈，為進行資源的攫取，殖民知識應更為真實性、科學性及實用性〔註11〕。

就本文對日治時期統計的觀察而言，由於日治時期統計制度奠基人物多屬杉派學員，該派深受德國統計學派影響，不僅注重數字，也重視國情和國勢的論述，詳細分析統計官員對數字的解讀，其中的確明顯具有對本島人的偏見性言論。例如：解讀本島人各種身心障礙的統計結果，指出臺灣瘋癲的

〔註8〕 Arjun Appadura, *'Number in the Colonial Imagination'*, "Modernity at Large : Cultural Dimensions of Globalization", U.S.A.:University of Minnesota Press, pp121~122.

〔註9〕 蔡明志，〈殖民地警察之眼：臺灣日治時期的地方警察、社會控制與空間改正之論述〉（臺南：成功大學建築學系博士論文，2009.1），頁176。

〔註10〕 George Barcly, *"Colonial Development and Population in Taiwan"*, p.x.

〔註11〕 相關論述參見：姚人多，〈認識臺灣：知識、權力與日本在臺之殖民治理性〉，《臺灣社會研究季刊》，42期（2001.6）；徐聖堯，〈臺灣殖民地圖的社會學想像〉，《網路社會學通訊期刊》，33期（2003.10）；蔡明志，〈殖民地警察之眼：臺灣日治時期的地方警察、社會控制與空間改正之論述〉等文。

人口不多，是因社會缺乏競爭力，本島人不需過度使用腦力，因此瘋癲人數不多；而先天的盲者和白癡人數比例居高，則是因臺灣社會多同姓通婚而引起。並且，《臺灣犯罪統計》的數字解讀中，指出本島人好迷信、好嫉、好賭及好逞強鬥狠，社會多因此性格引起的犯罪等論點。

誠然，殖民知識為殖民政權帶來統治的力量，數字強化了殖民地的治理性，成為統治強而有力的象徵，精確的數字有利於殖民地施政，這也是殖民當局引進統計調查的初衷。然而，不可忘記的是，殖民地統計的方針和項目在制訂之時，即隱含了權力建構的象徵，調查結果才足以支撐總督府的治理性，日治時期統計官員的偏見，也多少反映了殖民當局的治理意識，因此在檢討統計報告時，其中是否符合受調者實際情形，多少是殖民官員的偏見，也是需注意之處。

進而，日治時期的統計知識，是否皆為治理殖民地而建構？1918 年以前，總督府統計技術尚未成熟，對臺灣也不瞭解，當局的統計政策以瞭解臺灣，以及順遂殖民統治為主，統計報告成為殖民知識的來源。但 1918 年之後，隨著殖民統治的穩定，本國環境的需求，以及對外擴張的腳步等因素，當局轉而重視與本國同步實施，足以通盤觀測帝國發展的統計調查，或是掌握臺灣物產資源及流通的統計調查。要言之，此階段的調查，從家計調查、國勢調查、資源調查，乃至昭和十四年臨時國勢調查，實施目的多為評估國力，將調查結果做為帝國的知識庫，而非僅是單純的建構殖民知識。

六、臺灣總督府統計事業影響深遠

日本成功治理殖民地臺灣，使臺灣脫胎換骨的所謂「臺灣經驗」，成為日治後期，日本經營朝鮮、關東等各新領土的參考，已是學界普遍的論點。而就統計的案例而言，日治時期統計學在台灣的傳布，是日人統計家吸收西方文明，經過反芻之後，再向外散佈的過程。新領土臺灣給予日本統計家全新的舞臺，可說殖民地臺灣是學科輸出的場域，而臺灣總督府則成了學科輸出的執行者。

1910 年之後，朝鮮、關東州、樺太及滿州國等地，陸續成為日本帝國的勢力範圍，日人於新領土設置統計機關、實施統計調查，以及以分析調查書來判斷當地的社會狀況，作為有效經營的參考，皆是臺灣經驗的再複製。而統計家離開臺灣之後，也有轉戰新領土的例子，例如：總督府屬阪本敦離開

臺灣之後，先進柳澤統計研究所，後擔任關東廳臨時戶口調查部囑託〔註12〕。
從 1920 年代後期，統計雜誌的資料也顯示，臺灣的統計活動已經逐漸成熟，
甚至可成為其他新領土的實施模範。

　　就對本土的影響而言，由於臺灣作為第一個殖民地的特殊背景，得以早
日本 15 年實施國勢調查，成為一次絕佳的實驗。從統計雜誌中的投書來看，
臺灣總督府的統計事業實已超過日本本土，成為統計調查的模範。當 1920 年
10 月，日本與臺灣一起實施國勢調查時，臺灣人已經有兩次接受調查的經驗，
反而成為統治者向本土宣傳的借鏡〔註13〕。水科七三郎也於 1918 年返回日
本，協助本國實施國勢調查，並在各大演講中宣傳臺灣實施國勢調查的過程，
皆證明臺灣的統計經驗，對日本本土的統計活動意義非凡。

　　國民政府接收臺灣後，於行政長官公署有統計室，接收日治時期的統
計資料，並留用日本的統計人才，建設戰後臺灣的統計制度，作為瞭解臺
灣的依據〔註14〕，甚至沿襲日治時期的統計體例，實施資源調查和勞動調
查〔註15〕。例如：吉村周二郎和林開煥兩人，即為國民政府留用的臺灣總督
府統計官員〔註16〕，吉村周二郎前文已提，林開煥為苗栗人，1932 年臺北帝
國大學理農學部農學科畢業後任職於國勢調查部〔註17〕，1934 年並轉任官房
調查課，並續任官房企畫部及企畫部，1946 年 4 月，代理行政長官公署秘書
處統計室專員〔註18〕。

　　由此可知，臺灣總督府統計事業的擴散效應，不僅平行地向其他殖民地
擴散，也垂直地向接續的政權擴散。臺灣並非日本輸出統計學的終點站，而

〔註12〕　橫山雅男，〈統計學社晚餐會に於て〉，《統計學雜誌》，467 號（1925.5），頁
　　　　　194。
〔註13〕　〈日本では初めての全國國勢調查〉，《臺灣日日新報》，1920 年 2 月 26 日，7
　　　　　版。
〔註14〕　黃子貞，〈中華民國政府統計制度的演進〉，頁 451。
〔註15〕　胡元璋，〈介紹臺灣統計事業〉，頁 463。
〔註16〕　〈撥付留用日員吉村周二郎存款呈請案〉，《臺灣省行政長官公署檔案》，1946
　　　　　年 4 月；〈林開煥代理秘書處統計室專員〉，《臺灣省行政長官公署檔案》，1946
　　　　　年 4 月。
〔註17〕　第 10242 號文書，〈林開煥（外二名）（任屬；調查）〉，《臺灣總督府公文類纂》，
　　　　　90 號，判任官以下進退原議九月份，1934 年 9 月。
〔註18〕　第 10263 號文書，〈林開煥（雇ヲ命ス；官房人事課勤務；依願雇ヲ免ス；事
　　　　　務格別勉勵ニ付金九十圓ヲ賞與ス）〉，《臺灣總督府公文類纂》，89 號，判任
　　　　　官以下進退原議十二月份，1939 年 12 月。

是統計學的轉運點，日本殖民臺灣後期，臺灣的統計經驗伴隨著殖民經驗，被移植到日本其他新的殖民地，日本退出臺灣之後，所遺留的統計足跡也未曾消失。

　　總之，本文考察臺灣總督府執行的統計調查，究明日治時期統計事業推動的歷程，惟重點在中央統計機關。如能繼續探討總督府其他各部局或地方單位執行統計的情形，與中央統計機關比較，或考察中央統計機關與末端統計機關的業務合作狀況；或是進一步比較和分析日本其他海外殖民地建立統計機關與實施統計調查的情形；或國民政府留用總督府統計人員與接收統計報告的情形等，咸信更能理解臺灣總督府統計調查事業的歷史意義。

參考書目

一、資料庫

1. 「アジア歷史資料センター」：http://www.jacar.go.jp/
2. 「臺灣日治時期統計資料庫」：http://tcsd.lib.ntu.edu.tw/info_about/about_1.php
3. 「臺灣總督府檔案」：https://db1n.th.gov.tw/sotokufu/
4. 「臺灣省行政長官公署檔案」：http://ds2.th.gov.tw/ds3/app003/

二、政府文書、調查書、報告書

1. 一橋大學社會統計情報研究中心藏，「昭和十四年臺灣臨時國勢調查有關資料」。
2. 井出季和太，《臺灣治績志》，1939 年排印本，臺北：成文出版社重印，1985 年 3 月。
3. 臺灣總督府，《臺灣統治志》（一）（二），1911 年排印本，臺北：成文出版社重印，1985 年 3 月。
4. 臺灣總督府，《臺灣統計要覽》，1912～1916 年。
5. 臺灣總督府，《臺灣統計圖表》，1911 年。
6. 臺灣總督府，《臺灣總督府統計書》，1897～1943 年。
7. 臺灣總督府民政部，《臺灣總督府民政事務成績提要》，1895～1942 年。
8. 臺灣總督府企畫部，《昭和十四年臨時國勢調查結果表》，第一卷，全島編，1941 年 9 月。
9. 臺灣總督府企畫部，《昭和十四年臨時國勢調查結果表》，第二卷，下編，1941 年 9 月。
10. 臺灣總督府企畫部，《昭和十四年臨時國勢調查結果表》，第三卷，1941 年 9 月。

11. 臺灣總督府官房文書課，《臺灣十年間之進步》，1906 年。

12. 臺灣總督府官房企畫部，《旧殖民地家計調查集 1》，東京：青史社復刻，2000 年。

13. 臺灣總督府官房統計課，《人口動態報告二關スル法規》，1910 年。

14. 臺灣總督府官房統計課，《臺灣人口動態統計年報》，1913 年、1917 年。

15. 臺灣總督府官房統計課，《臺灣人口動態統計記述報文》，1908 年、1918 年。

16. 臺灣總督府官房統計課，《臺灣犯罪統計》，1912～1943 年。

17. 臺灣總督府官房統計課，《臺灣統計一覽》，1912 年。

18. 臺灣總督府官房統計課，《臨時臺灣戶口調查顛末》，1910 年、1918 年。

19. 臺灣總督府官房調查課，《施政四十年の臺灣》，1935 年排印本，臺北：成文書局重印，1985 年 3 月。

20. 臺灣總督府官房調查課，《第二次臨時臺灣戶口調查顛末》，1918 年。

21. 臺灣總督府官房調查課，《臺灣住民の生命に關する調查》，1930 年。

22. 臺灣總督府官房調查課，《臺灣統計摘要》，1909～1939 年。

23. 臺灣總督府官房調查課，《臺灣資源調查委員會第一回委員會議事綠》，1937 年。

24. 臺灣總督府官房臨時國勢調查部，《國勢調查結果概報》，1931 年、1935 年。

25. 臺灣總督府官房臨時國勢調查部，《第一回臺灣國勢調查要覽表》，1922 年。

26. 臺灣總督府官房臨時國勢調查部，《臺灣國勢調查二關スル諸法規》，1920 年。

27. 臺灣總督府官房臨時國勢調查部，《臺灣國勢調查記述報文》，1923 年、1927 年。

28. 臺灣總督府官房臨時國勢調查部，《臺灣國勢調查結果中間報》，1930 年。

29. 臺灣總督府官房臨時國勢調查部，《臺灣國勢調查顛末書》，1924 年、1927 年。

30. 臺灣總督府總務局，《人口動態報告小票取扱者必攜》，1943 年。

31. 臨時臺灣戶口調查部，《戶口調查集計原表》，1907 年。

32. 臨時臺灣戶口調查部，《戶口調查職業名字彙》，1908 年。

33. 臨時臺灣戶口調查部，《戶口調查職業名字彙》，1908 年。

34. 臨時臺灣戶口調查部，《臺灣人口動態統計：原表之部（一）》，1907 年。

35. 臨時臺灣戶口調查部，《臨時台灣戶口調查要計表》，1907 年、1910 年。

36. 臨時臺灣戶口調查部,《臨時台灣戶口調查記述報文》,1910 年、1918 年。

37. 臨時臺灣戶口調查部,《臨時台灣戶口調查集計原表》,1909 年、1917 年。

三、報紙、雜誌

1. 東京統計協會,《統計集誌》,1880～1944 年。

2. 國勢院,《統計時報》,1921～1940 年。

3. 統計學社,《統計學雜誌》,1886～1944 年。

4. 臺灣日日新報編輯部,《臺灣日日新報》,1896～1943 年。

5. 臺灣時報發行所,《臺灣時報》,1909～1919 年。

6. 臺灣統計協會,《臺灣統計協會雜誌》,1903～1920 年。

7. 臺灣總督府,《臺灣總督府府報》,1896～1942 年。

四、時人文章

1. 二階堂保則,〈國勢調查に就て（一）〉,《統計集誌》,455 號,1919 年 1 月。

2. 二階堂保則,〈國勢調查に就て（二）〉,《統計集誌》,456 號,1919 年 2 月。

3. 小川平吉,〈發刊の辭〉,《統計時報》,1 號,年月。

4. 小川義郎,〈國勢調查二於ケル問答錄〉《臺灣統計協會雜誌》,8 號,1905 年 1 月。

5. 小川義郎,〈臺灣二「せんさす」ヲ行フニハ舊慣二依ケルヤ否〉,《臺灣統計協會雜誌》,1 號,1903 年 11 月。

6. 小松吉久,〈所感ノマ、〉,《臺灣統計協會雜誌》,44 號,1909 年 10 月。

7. 小野得一郎,〈臺灣の犯罪に就て〉,《臺法月報》,13：8,1919 年。

8. 上內恆三郎,〈臺灣に於ける犯罪人員概觀〉,《臺法月報》10：3,1916 年。

9. 上內恆三郎,〈臺灣に於ける犯罪狀態概觀〉,《臺法月報》19：1,1925 年。

10. 上內恆三郎,〈臺灣人の犯罪觀念〉,《臺法月報》8：1,1914 年。

11. 上內恆三郎,〈臺灣犯罪統計に就て〉,《臺法月報》5：10,1910 年。

12. 山中政太,〈祝辭〉,《臺灣統計協會雜誌》,2 號,1904 年 1 月。

13. 山田保治,〈近世統計學の端緒的なものとしての國家學派の貢獻〉,《統計集誌》,619 號,1933 年 1 月。

14. 山田寅之助,〈臨時臺灣戶口調查ヲ回想シテ〉,《臺灣統計協會雜誌》,44 號,1909 年 10 月。

15. 山崎永太郎，〈臺灣二於ケル統計家〉，《臺灣統計協會雜誌》，1 號，1903 年 11 月。

16. 大竹孟，〈臺灣における家計調查に就て（下）〉，《臺灣時報》，10 月號，1937 年。

17. 大竹孟，〈臺灣における家計調查に就て（上）〉，《臺灣時報》，9 月號，1937 年。

18. 大島久滿次，〈臺灣統計協會總會二於ケル演說〉，《臺灣統計協會雜誌》，8 號，1905 年 1 月。

19. 中村啓次郎，〈臺灣統計協會發會式二於ケル演說〉，《臺灣統計協會雜誌》，2 號，1904 年 1 月。

20. 丹野英清，〈戶口調查當時ノ回想〉，《臺灣統計協會雜誌》，44 號，1909 年 10 月。

21. 不著撰人，〈ケトレー氏小傳〉，《統計集誌》，76 號，1887 年 12 月。

22. 不著撰人，〈人口動態調查〉，《臺灣統計協會雜誌》，14 號，1905 年 11 月。

23. 不著撰人，〈日本統計略誌〉，《統計集誌》，144 號，1893 年 8 月。

24. 不著撰人，〈日本統計論〉，《統計集誌》，87 號，1888 年 11 月。

25. 不著撰人，〈外地に於ける昭和十四年臨時國勢調查〉，《統計時報》，91 號，1939 年。

26. 不著撰人，〈本邦國勢調查問題の沿革略〉，《統計集誌》，437 號，1917 年 7 月。

27. 不著撰人，〈本島ノ統計機關及組織〉，《臺灣統計協會雜誌》，21 號，1907 年 1 月。

28. 不著撰人，〈本會成立ノ顛末〉，《臺灣統計協會雜誌》，1 號，1903 年 11 月。

29. 不著撰人，〈共立統計學校〉，《統計集誌》，26 號，1883 年 10 月。

30. 不著撰人，〈刑事統計二關スル萬國協會ノ決議〉，《臺灣統計協會雜誌》76 號，1912 年 5 月。

31. 不著撰人，〈本島刑事犯人票ノ制定理由〉，《法院月報》3：1，1909 年 1 月。

32. 不著撰人，〈各國統計官衙ノ組織（二）〉，《統計集誌》，54 號，1886 年 2 月。

33. 不著撰人，〈各國統計官衙ノ組織（三）〉，《統計集誌》，55 號，1886 年 3 月。

34. 不著撰人，〈各國統計官衙ノ組織（四）〉，《統計集誌》，56 號，1886 年 4 月。

35. 不著撰人，〈各國統計官衙ノ組織〉，《統計集誌》，53 號，1886 年 1 月。

36. 不著撰人，〈地方官會議二於ケル總督代理後藤民政長官ノ訓示〉，《臺灣統計協會雜誌》，12 號，1905 年 8 月。

37. 不著撰人，〈京都二於ケル臺灣戶口調查ノ講演〉，《臺灣統計協會雜誌》，39 號，1909 年 5 月。

38. 不著撰人，〈家計調查結果概要〉，《統計時報》，89 號，1939 年。

39. 不著撰人，〈國家總動員機關の內容〉，《統計學雜誌》，481 號，1926 年 7 月。

40. 不著撰人，〈國勢調查の趣旨〉，《統計集誌》，467 號，1920 年 1 月。

41. 不著撰人，〈國勢調查施行準備に關する建議〉，《統計集誌》，337 號，1909 年 3 月。

42. 不著撰人，〈國勢調查實行準備二關スル貴族院ノ建議〉，《臺灣統計協會雜誌》，39 號，1909 年 5 月。

43. 不著撰人，〈國勢調查實施延期の顛末〉，《統計集誌》，287 號，1905 年 2 月。

44. 不著撰人，〈眾議院に於ける國勢調查實行に關する質問〉，《統計集誌》，337 號，1909 年 3 月。

45. 不著撰人，〈統計院設置の議〉，《統計集誌》，206 號，1898 年 7 月。

46. 不著撰人，〈統計講習會設立趣意書〉，《統計集誌》，219 號，1899 年 6 月。

47. 不著撰人，〈都新聞の統計院再興論〉，《統計集誌》，207 號，1898 年 8 月。

48. 不著撰人，〈漢譯戶口調查記述報文二對スル感想〉，《臺灣統計協會雜誌》，42 號，1909 年 8 月。

49. 不著撰人，〈臺北廳職業名報告〉，《臺灣統計協會雜誌》，13 號，1905 年 9 月。

50. 不著撰人，〈臺灣戶口調查〉，《統計學雜誌》，234 號，1905 年 10 月。

51. 不著撰人，〈臺灣犯罪統計〉，《臺灣統計協會雜誌》，66 號，1911 年 7 月。

52. 不著撰人，〈興亞體制に備へ企畫部を設置 總督府總動員事務の統合計る〉，《臺灣時報》，7 月號，1939 年 7 月。

53. 不著撰人，〈臨時戶口調查委員諸君二望ム〉，《臺灣統計協會雜誌》，11 號，1905 年 7 月。

54. 不著撰人，〈臨時刊行ノ趣旨〉，《臺灣統計協會雜誌》，12 號，1905 年 8 月。

55. 不著撰人，〈臨時臺灣戶口調查部史略〉，《統計集誌》，326 號，1908 年 5 月。

56. 牛塚虎太郎,〈國勢調查の法規に關する説明〉,《統計集誌》,461 號,1919 年 7 月。

57. 戶水昇,〈資源調查法に就て〉,《臺灣時報》,四月號,1930 年 4 月。

58. 水科七三郎,〈人口動態統計二關スル一二ノ注意〉,《臺灣統計協會雜誌》,14 號,1905 年 11 月。

59. 水科七三郎,〈北米合眾國人口動態統計ヲ讀ム〉,《臺灣統計協會雜誌》,19 號,1906 年 9 月。

60. 水科七三郎,〈先輩吳文聰君を憶ふ〉,《統計學雜誌》,467 號,1925 年 5 月。

61. 水科七三郎,〈刑事統計論(一)〉,《臺灣統計協會雜誌》,36 號,1909 年 2 月。

62. 水科七三郎,〈刑事統計論(二)〉,《臺灣統計協會雜誌》,37 號,1909 年 3 月。

63. 水科七三郎,〈刑事統計論(三)〉,《臺灣統計協會雜誌》,38 號,1909 年 4 月。

64. 水科七三郎,〈刑事統計論(四)〉,《臺灣統計協會雜誌》,40 號,1909 年 6 月。

65. 水科七三郎,〈余が十五年前に於ける統計上の所感〉,《統計學雜誌》,182 號,1901 年 6 月。

66. 水科七三郎,〈我ガ植民地ノ國勢調查二就テ〉,《臺灣統計協會雜誌》,143 號,1917 年 12 月。

67. 水科七三郎,〈內田前民政長官卜統計〉,《臺灣統計協會雜誌》120 號,1916 年 1 月。

68. 水科七三郎,〈社會物理學〉,《臺灣統計協會雜誌》,2 號,1904 年 1 月。

69. 水科七三郎,〈後藤伯卜臺灣ノ人口動態統計〉,《統計學雜誌》,516 號,1929 年 6 月。

70. 水科七三郎,〈氣象統計談〉,《臺灣統計協會雜誌》,6 號,1904 年 9 月。

71. 水科七三郎,〈國勢調查一夕話〉,《臺灣統計協會雜誌》,110 號,1915 年 4 月。

72. 水科七三郎,〈國勢調查卜他ノ統計(人口ノ靜態調查對動態調查)〉,《臺灣統計協會雜誌》,8 號,1905 年 1 月。

73. 水科七三郎,〈國勢調查卜他ノ統計〉,《臺灣統計協會雜誌》,8 號,1905 年 1 月。

74. 水科七三郎,〈國勢調查に就て〉,《統計學雜誌》,194 號,1902 年 6 月。

75. 水科七三郎，〈國勢調查ハ困難ナリヤ〉，《臺灣統計協會雜誌》，10 號，1905 年 5 月。

76. 水科七三郎，〈國勢調查は國民に實驗的統計教育を爲すの好機なり〉，《統計學雜誌》，355 號，1915 年 10 月。

77. 水科七三郎，〈第二回臨時戶口調查二就テ本島人二告グ〉，《臺灣統計協會雜誌》，114 號，1915 年 7 月。

78. 水科七三郎，〈第四回統計講習會開會式二於ケル演說〉，《臺灣統計協會雜誌》，29 號，1908 年 3 月。

79. 水科七三郎，〈臺灣センサスの由來（承前）〉，《統計學雜誌》，491 號，1927 年 5 月。

80. 水科七三郎，〈臺灣センサスの由來〉，《統計學雜誌》，490 號，1927 年 4 月。

81. 水科七三郎，〈臺灣と花房博士〉，《統計集誌》，487 號，1921 年 9 月。

82. 水科七三郎，〈臺灣ノ人口動態調查二就テ〉，《臺灣統計協會雜誌》，12 號，1905 年 8 月。

83. 水科七三郎，〈臺灣戶口調查ノ實驗〉，《統計集誌》，450 號，1918 年 8 月。

84. 水科七三郎，〈諭告文ノ由來〉，《臺灣統計協會雜誌》，44 號，1909 年 10 月。

85. 水科七三郎，〈臨時戶口調查の結果に就て〉，《臺灣統計協會雜誌》，25 號，1907 年 10 月。

86. 水科七三郎，〈臨時戶口調查ノ結果ノ利用ヲ望ム〉，《臺灣統計協會雜誌》，30 號，1908 年 5 月。

87. 水科七三郎，〈臨時臺灣戶口調查と帝國國勢調查〉，《統計集誌》，359 號，1911 年 1 月。

88. 木原圓次，〈進展スル國家總動員態勢〉，《臺灣時報》，10 月號，1939 年 10 月。

89. 手島兵次郎，〈臺灣犯罪統計ヲ讀ム〉，《臺灣統計協會雜誌》，69 號，1911 年 10 月。

90. 日笠研太，〈杉亨二博士と明治維新の統計（一）〉，《統計學雜誌》，617 號，1937 年 11 月。

91. 日笠研太，〈杉亨二博士と明治維新の統計（二）〉，《統計學雜誌》，618 號，1937 年 12 月。

92. 日笠研太，〈杉亨二博士と明治維新の統計（七）〉，《統計學雜誌》，624 號，1938 年 6 月。

93. 日笠研太，〈杉亨二博士と明治維新の統計（三）〉，《統計學雜誌》，619
號，1938 年 1 月。

94. 日笠研太，〈杉亨二博士と明治維新の統計（五）〉，《統計學雜誌》，621
號，1938 年 3 月。

95. 日笠研太，〈杉亨二博士と明治維新の統計（六）〉，《統計學雜誌》，622
號，1938 年 4 月。

96. 日笠研太，〈杉亨二博士と明治維新の統計（四）〉，《統計學雜誌》，620
號，1938 年 2 月。

97. 水越幸一，〈國勢調查施行に就て〉，《臺灣協會雜誌》，一月號，1920 年
1 月。

98. 加地成雄，〈昭和十四年臨時國勢調查特異性其の他卑見〉，《統計學雜
誌》，637 號，1939 年 7 月。

99. 加地成雄，〈新體制下統計事務の推進とその投影〉，《統計學雜誌》，655
號，1941 年 1 月。

100. 加藤尚志，〈追懷卜希望〉，《臺灣統計協會雜誌》，44 號，1909 年 10 月。

101. 加藤隆作，〈先づ臺灣に「センサス」を施行す可し〉，《統計學雜誌》，
185 號，1901 年 9 月。

102. 石川惟安，〈臺灣ノ戶口調查實行ヲ羨ミ帝國國勢調查施行ノ延期二就キ
一言ノ愚癡ヲ漏ラス〉，《臺灣統計協會雜誌》，12 號，1905 年 8 月。

103. 石川惟安，〈本邦民刑統計に就て〉，《統計學雜誌》，139 號，1897 年 11
月。

104. 田中太郎，〈犯罪統計に就て〉，《統計集誌》，324 號，1908 年 3 月。

105. 田中太郎，〈杉亨二翁九十壽祝賀顛末と翁の事蹟〉《統計集誌》，439 號，
1917 年 9 月。

106. 田中太郎，〈東京統計協會の起源〉《統計集誌》，359 號，1910 年 1 月。

107. 田中太郎，〈故花房直三郎博士小傳〉，《統計集誌》，483 號，1921 年 5 月。

108. 田中太郎，〈國勢調查の實施と寺內內閣〉，《統計集誌》，442 號，1917
年 12 月。

109. 伊東祐穀，〈本邦統計の發達〉，《統計集誌》，289 號，1905 年 4 月。

110. 伊能嘉矩，〈臨時臺灣戶口調查記述報文ヲ讀ミテ〉，《臺灣統計協會雜
誌》，44 號，1909 年 10 月。

111. 伊能嘉矩，〈舊政府時代に於ける臺灣の戶口調查〉，《臺灣統計協會雜
誌》，12 號，1905 年 8 月。

112. 安平政吉，〈臺灣の犯罪と其の豫防政策〉，《臺灣警察協會雜誌》，275
號，1938 年 10 月。

113. 寺田勇吉，〈國勢調查に就て〉，《統計集誌》，359 號，1910 年 1 月。

114. 寺田勇吉，〈臺灣戶口調查ニ關スル所感〉，《臺灣統計協會雜誌》，12 號，1905 年 8 月。

115. 竹田唯四郎，〈臺灣ノ賭博犯人〉，《臺灣統計協會雜誌》，66 號，1911 年 7 月。

116. 竹田唯四郎，〈臺灣犯罪統計一斑〉，《臺灣統計協會雜誌》63 號，1911 年 4 月。

117. 竹村諫，〈臺灣ニ於ケル統計ノ沿革一斑〉，《臺灣統計協會雜誌》，1 號，1903 年 11 月。

118. 吳文聰，〈司法家モ亦統計思想ヲ要ス〉，《統計集誌》，87 號，1888 年 11 月。

119. 尾立茂，〈臺灣には如何なる犯罪多きや〉，《臺法月報》，9：8，1915 年。

120. 尾立茂，〈臺灣には如何なる時季に犯罪多きや〉，《臺法月報》，9：11，1915 年。

121. 尾立茂，〈臺灣犯罪統計に就て〉，《臺法月報》，10：4，1916 年。

122. 尾立維孝，〈刑事ノ統計ニ就テ〉，《臺灣統計協會雜誌》，15 號，1906 年 1 月。。

123. 村上先，〈臺灣國勢調查第四回紀念日ノ所感〉，《臺灣統計協會雜誌》，44 號，1909 年 10 月。

124. 村上常藏，〈臺灣人口動態統計（明治三十八年）〉，《臺灣統計協會雜誌》，19 號，1906 年 9 月。

125. 村山通定，〈日本統計事業沿革一覽（一）〉，《統計集誌》，141 號，1893 年 5 月。

126. 村山通定，〈日本統計事業沿革一覽（二）〉，《統計集誌》，142 號，1893 年 6 月。

127. 村山通定，〈日本統計事業沿革一覽（三）〉，《統計集誌》，143 號，1893 年 7 月。

128. 杉亨二，〈杉先生自敘傳〉，收於《明治後期產業發達史資料》第 674 卷，東京：龍溪書舍，2003 年 3 月復刻。

129. 杉亨二，〈家は國の本なり（上）〉，《スタチスチック雜誌》，57 號，1890 年。

130. 杉亨二，〈家は國の本なり（下）〉，《スタチスチック雜誌》，58 號，1891 年。

131. 杉原太之助，〈統計中央機關の一展望〉，《統計集誌》，577 號，1929 年 7 月。

132. 阪本敦，〈臺灣二於ケル人口動態統計ノ話〉，《臺灣統計協會雜誌》，14號，1905 年 12 月。

133. 阪本敦，〈臺灣二於ケル人口動態統計ノ話（承前）〉，《臺灣統計協會雜誌》，15 號，1906 年 1 月。

134. 阪本敦，〈臺灣二於ケル人口動態統計ノ話（承前）〉，《臺灣統計協會雜誌》，16 號，1906 年 3 月。

135. 阪本敦，〈臺灣二於ケル人口動態統計ノ話（承前）〉，《臺灣統計協會雜誌》，17 號，1906 年 5 月。

136. 阪本敦，〈臺灣二於ケル人口動態統計ノ話（承前）〉，《臺灣統計協會雜誌》，18 號，1906 年 7 月。

137. 阪本敦，〈臺灣二於ケル人口動態統計ノ話（承前）〉，《臺灣統計協會雜誌》，20 號，1906 年 11 月。

138. 阪谷芳郎，〈國勢調查に就て〉，《統計學雜誌》，293 號，1910 年 9 月。

139. 阪谷芳郎，〈國勢調查に就て（承前）〉，《統計學雜誌》，294 號，1910 年 10 月。

140. 岡松徑，〈マイエル氏道德統計論〉，《統計集誌》，122 號，1891 年 10 月。

141. 岡松徑，〈マイエル氏道德統計論（前號ノ續）〉，《統計集誌》，123 號，1891 年 11 月。

142. 岡松徑，〈各國官府統計略ノ史〉，《統計集誌》，3 號，1881 年 7 月。

143. 岡松徑，〈明治十五年日本統計進步ノ概況〉，《統計集誌》，16 號，1882 年 12 月。

144. 岡松徑，〈第一回帝國國勢調查期に就て〉，《統計集誌》，359 號，1910 年 1 月。

145. 松本浩太郎，〈官廳統計事務の新體制〉，《統計集誌》，737 號，1942 年 11 月。

146. 東恩納盛益，〈新竹廳に於ける本島人職業名稱〉，《臺灣統計協會雜誌》，11 號，1905 年 7 月。

147. 河合利安，〈杉先生略傳〉，收於《明制後期產業發達史資料》，第 674 卷，東京：龍溪書舍，2003 年 3 月復刻。

148. 河合利安，〈國勢調查委員會設置の急務〉，《統計集誌》，299 號，1909 年 2 月。

149. 河合利安，〈統計學社の略歷〉，《統計集誌》，359 號，1910 年 1 月。

150. 花房直三郎，〈杉名譽會員の敘勳を賀す〉，《統計集誌》，261 號，1902 年 12 月。

151. 花房直三郎，〈明治十二年末の甲斐國〉，《統計學雜誌》，264 號，1908 年 6 月。

152. 花房直三郎，〈國勢調查に就て〉，《臺灣統計協會雜誌》，10 號，1905 年 5 月。

153. 花房直三郎，〈監獄統計に就て〉，《統計集誌》，342 號，1909 年 8 月。

154. 花房直三郎，〈臺灣の臨時戶口調查に就て〉，《臺灣時報》，1915 年。

155. 花房直三郎，〈臺灣戶口調查に就て〉，《臺灣統計協會雜誌》，12 號，1905 年 8 月。

156. 長尾景德，〈臺灣の犯罪傾向と對策〉，《臺法月報》，14：9，1920 年。

157. 長澤好晃，〈新體制と統計調查の統制〉，《統計集誌》，714 號，1940 年 12 月。

158. 長澤柳作，〈家計調查の必要およびその機關〉，《統計時報》，2 號，1921 年。

159. 長澤柳作，〈家計調查の概要〉，《臺灣時報》，2 月號，1926 年。

160. 長澤柳作，〈家計調查方法の範圍〉，《統計時報》，5 號，1923 年。

161. 城南外史，〈臺灣犯罪統計ヲ讀ム〉，《臺法月報》，5：10，1911 年。

162. 後藤新平，〈臺灣總督府統計講習會開會式ニ於ケル演說〉，《臺灣統計協會雜誌》，1 號，1903 年 11 月。

163. 柳澤保惠，〈第二回臺灣戶口調查〉，《統計學雜誌》，337 號，1914 年 5 月。

164. 相原重政，〈犯罪統計〉，《統計集誌》，315 號，1907 年 6 月。

165. 相原重政，〈統計ニ就キ所感ヲ述テ總會ノ祝辭ニ代フ〉，《統計集誌》，163 號，1895 年 2 月。

166. 相原重政，〈臺灣戶口調查ニ希望ヲ述フ〉，《臺灣統計協會雜誌》，12 號，1905 年 8 月。

167. 相原重政，〈歐美各國國勢調查の來歷及其現況〉，《統計集誌》，359 號，1911 年 1 月。

168. 宮田乙馬，〈紀念日ノ所感〉，《臺灣統計協會雜誌》，44 號，1909 年 10 月。

169. 眞倉民治，〈種族體性及緣事ヨリ觀タル犯罪〉，《臺灣統計協會雜誌》，125 號，1916 年 6 月。

170. 祝辰巳，〈臺灣總督府統計講習會開會式ニ於ケル式辭〉，《臺灣統計協會雜誌》，1 號，1903 年 11 月。

171. 祝辰巳，〈臨時臺灣戶口調查諸規則講習會ニ於ケル演說〉，《臺灣統計協會雜誌》，11 號，1905 年 7 月。

172. 祝辰巳，〈警務課長會議ニ於ケル演説〉，《臺灣統計協會雜誌》，12 號，1905 年 8 月。

173. 高野岩三郎，〈故杉亨二氏卜本邦ノ統計學〉，《統計學雜誌》，383 號，1918 年 3 月。

174. 高野岩三郎，〈國勢調查に就て（上）〉，《統計集誌》，313 號，1907 年 4 月。

175. 高野岩三郎，〈國勢調查に就て〉，《臺灣統計協會雜誌》，23 號，1907 年 5 月。

176. 高野岩三郎，〈第二次臨時臺灣戶口調查に就て〉，《統計集誌》，445 號，1918 年 3 月。

177. 高野岩三郎，〈歐洲に於ける統計と本邦殊に臺灣に於ける統計事業〉，《臺灣教育》，188 期，1918 年。

178. 高野岩三郎，〈臨時戶口調查に現はれたる臺灣〉，《統計集誌》，335 號，1909 年 1 月。

179. 高橋二郎，〈人口統計大意（承前）〉，《統計集誌》，280 號，1904 年 7 月。

180. 高橋二郎，〈人口統計大意（承前）〉，《統計集誌》，282 號，1904 年 9 月。

181. 高橋二郎，〈人口統計大意〉，《統計集誌》，278 號，1904 年 5 月。

182. 高橋二郎，〈千九百年萬國世紀仙察斯の歷史、各種萬國會の決議、萬國共通表式並に各國の形勢〉，《統計集誌》，224 號，1899 年 11 月。

183. 高橋二郎，〈日本帝國中央統計機關ノ沿革〉，《臺灣統計協會雜誌》，63 號，1911 年 4 月。

184. 高橋二郎，〈本邦中央統計機關の沿革〉，《統計集誌》，359 號，1911 年 1 月。

185. 高橋二郎，〈各國統計官制考〉，《統計集誌》，68 號，1887 年 4 月。

186. 高橋二郎，〈官府統計ノ組織〉，《統計集誌》，23 號，1883 年 7 月。

187. 高橋二郎，〈明治十二年末甲斐國現在人別調顚末〉，《統計集誌》，288 號，1905 年 3 月。

188. 高橋二郎，〈明治三十八年十月一日 臺灣戶口調查視察談（續）〉，《統計學雜誌》，236 號，1905 年 12 月。

189. 高橋二郎，〈明治三十八年十月一日 臺灣戶口調查視察談〉，《統計學雜誌》，235 號，1905 年 11 月。

190. 高橋二郎，〈明治三十八年十月一日臺灣詮查斯視察談〉，《統計集誌》，296 號，1905 年 11 月。

191. 高橋二郎，〈犯罪統計論〉，《統計集誌》58 號，1886 年 6 月。

192. 高橋二郎，〈統計と拓殖の關係〉，《統計集誌》，307 號，1906 年 10 月。

193. 高橋二郎，〈統計入門〉，《統計集誌》，24 號，1883 年 8 月。

194. 高橋二郎，〈統計史要〉，《統計集誌》，285 號，1904 年 12 月。

195. 高橋二郎，〈統計組織の話（中央統計委員會)〉，《統計集誌》，206 號，1898 年 7 月。

196. 高橋二郎，〈萬國比較統計ノ編纂〉，《統計集誌》，63 號，1886 年 11 月。

197. 高橋二郎，〈道德統計〉，《臺灣統計協會雜誌》14 號，1905 年 11 月。

198. 高橋二郎，〈臺灣ノ戶口調查二就テ〉，《臺灣統計協會雜誌》，12 號，1905 年 8 月。

199. 高橋二郎，〈臺灣詮查斯第四紀念期二際シ感ヲ書ス〉，《臺灣統計協會雜誌》，44 號，1909 年 10 月。

200. 梅の家，〈臺灣戶口調查の終結〉，《統計學雜誌》，237 號，1906 年 1 月。

201. 鹿子木小五郎，〈臺灣統計協會發會式二於ケル演說〉，《臺灣統計協會雜誌》，2 號，1904 年 1 月。

202. 森戶辰男，〈エンゲルの生涯と業績〉，收入高野岩三郎校閱、森戶辰男譯，《エンゲル 勞働の價格》，東京：大原社會問題研究所，1942 年。

203. 森孝三，〈國勢調查ノ實用（二)〉，《臺灣統計協會雜誌》，4 號，1904 年 5 月。

204. 森孝三，〈國勢調查ノ實用〉，《臺灣統計協會雜誌》，2 號，1904 年 1 月。

205. 森谷喜一郎，〈本邦官府統計略解（二)〉，《統計學雜誌》，596 號，1936 年 2 月。

206. 森谷喜一郎，〈本邦官府統計略解〉，《統計學雜誌》，594 號，1935 年 1 月。

207. 森谷喜一郎，〈統計學史（一)〉，《統計集誌》，657 號，1936 年 3 月。

208. 森谷喜一郎，〈統計學史（二)〉，《統計集誌》，658 號，1936 年 4 月。

209. 森谷喜一郎，〈統計學史（三)〉，《統計集誌》，659 號，1936 年 5 月。

210. 森谷喜一郎，〈統計學史（四)〉，《統計集誌》，660 號，1936 年 6 月。

211. 森谷喜一郎，〈統計學史（五)〉，《統計集誌》，664 號，1936 年 10 月。

212. 森谷喜一郎，〈統計學史（六)〉，《統計集誌》，665 號，1936 年 11 月。

213. 森谷喜一郎，〈統計學史（七)〉，《統計集誌》，667 號，1937 年 1 月。

214. 森谷喜一郎，〈統計學史（八)〉，《統計集誌》，668 號，1936 年 2 月。

215. 菅野善三郎，〈犯罪增加の原因及之が撲滅策に就て〉，《臺法月報》，12：11，1918 年。

216. 堤一馬，〈臺灣人口統計論（一)〉，《臺灣時報》，八月號，1922 年 8 月。

217. 堤一馬，〈臺灣人口統計論（二)〉，《臺灣時報》，九月號，1922 年 9 月。

218. 堤一馬，〈臺灣人口統計論（三）〉，《臺灣時報》，十月號，1922 年 10 月。

219. 堤一馬，〈臺灣人口統計論（四）〉，《臺灣時報》，十一月號，1922 年 11 月。

220. 堤一馬，〈臺灣人口統計論（五）〉，《臺灣時報》，十二月號，1922 年 12 月。

221. 堤一馬，〈臺灣人口統計論（六）〉，《臺灣時報》，三月號，1923 年 3 月。

222. 堤一馬，〈臺灣人口統計論（七）〉，《臺灣時報》，四月號，1923 年 4 月。

223. 堤一馬，〈臺灣人口統計論（八）〉，《臺灣時報》，五月號，1923 年 5 月。

224. 堤一馬，〈臺灣人口統計論（九）〉，《臺灣時報》，六月號，1923 年 6 月。

225. 堤一馬，〈臺灣人口統計論（十）〉，《臺灣時報》，七月號，1923 年 7 月。

226. 堤一馬，〈臺灣人口統計論（十一）〉，《臺灣時報》，十月號，1923 年 10 月。

227. 華山親義，〈明治初年の官府統計雜考（一）〉，《統計集誌》，612 號，1932 年 6 月。

228. 黃玉階，〈戶口調查感言〉，《臺灣時報》，1 月號，1913 年 1 月。

229. 新渡戶稻造，〈ケテレー氏の統計學に於ける位置〉，《統計集誌》，354 號，1910 年。

230. 鈴木敬治，〈故杉先生を追慕す〉，《統計學雜誌》，383 號，1918 年 3 月。

231. 福田眞鷹，〈桃仔園廳ニ於テ施行セラレタル試驗的國勢調查ニ就テ〉，《臺灣統計協會雜誌》，6 號，1904 年 9 月。

232. 窪田貞二，〈臺灣に國勢調查の施行を望む〉，《統計集誌》，247 號，1901 年 10 月。

233. 窪田貞二，〈臨時臺灣戶口調查ヲ追想シテ所感ヲ述ブ〉，《臺灣統計協會雜誌》，44 號，1909 年 10 月。

234. 臺灣總督府調查課，〈創刊の詞〉，《臺灣資源》，1：1，1937 年。

235. 臺灣總督府官房企畫部，〈時局下に於ける臨時國勢調查〉，《臨時情報部部報》，67 號，1939 年 7 月。

236. 調查課長，〈家計調查に就て〉，《臺灣時報》，12 月號，1937 年。

237. 橫山雅男，〈人口實查の急務（接第百三十七號）〉，《統計集誌》，140 號，1893 年 4 月。

238. 橫山雅男，〈人口實查の急務〉，《統計集誌》，137 號，1893 年 1 月。

239. 橫山雅男，〈人口調の實行に就て〉，《統計集誌》，126 號，1892 年 2 月。

240. 橫山雅男，〈大隈侯と我國統計事業〉，《統計學雜誌》，525 號，1930 年 3 月。

241. 橫山雅男，〈日本統計の沿革〉，《統計集誌》，228 號，1900 年 3 月。

242. 橫山雅男，〈日本統計の沿革に就て（一）〉，《統計學雜誌》，369 號，1917 年 1 月。

243. 橫山雅男，〈日本統計の沿革に就て（二）〉，《統計學雜誌》，370 號，1917 年 2 月。

244. 橫山雅男，〈日本統計の沿革に就て（三）〉，《統計學雜誌》，371 號，1917 年 3 月。

245. 橫山雅男，〈日本統計の誕生日—明治三年七月二十九日〉，《統計學雜誌》，554 號，1932 年 8 月。

246. 橫山雅男，〈犯罪ノ統計ニ就テ（一）〉，《臺灣統計協會雜誌》，50 號，1909 年 3 月。

247. 橫山雅男，〈犯罪ノ統計ニ就テ（二）〉，《臺灣統計協會雜誌》，51 號，1909 年 4 月。

248. 橫山雅男，〈統計のはなし〉，《統計集誌》，120 號，1891 年 8 月。

249. 橫山雅男，〈統計學社晚餐會に於て〉，《統計學雜誌》，467 號，1925 年 5 月。

250. 橫山雅男，〈共立統計學校〉，《統計集誌》，359 號，1910 年 1 月。

251. 橫山雅男，〈杉博士・統計・國勢調查〉，《統計學雜誌》，530 號，1930 年 8 月。

252. 橫山雅男，〈南滿洲長春に於ける國勢調查講演〉，《統計學雜誌》，469 號，1925 年 7 月。

253. 橫山雅男，〈祝辭〉，《統計集誌》，163 號，1895 年 2 月。

254. 橫山雅男，〈國勢調查に就て〉，《統計集誌》，356 號，1910 年 10 月。

255. 橫山雅男，〈國勢調查の施行は時代の要求なり〉，《統計學雜誌》，381 號，1918 年 1 月。

256. 橫山雅男，〈國勢調查回顧談（一）〉，《統計學雜誌》，590 號，1935 年 8 月。

257. 橫山雅男，〈國勢調查回顧談（二）〉，《統計學雜誌》，591 號，1935 年 9 月。

258. 橫山雅男，〈國勢調查問題と我が東京統計協會〉，《統計集誌》，359 號，1911 年 1 月。

259. 橫山雅男，〈國勢調查事項問題沿革〉，《統計集誌》，455 號，1919 年 1 月。

260. 橫山雅男，〈統計時言〉，《統計學雜誌》，481 號，1926 年 7 月。

261. 橫山雅男，〈滿州統計協會發會祝詞〉，《統計學雜誌》，586 號，1935 年 4 月。

262. 橫山雅男，〈鐵研漫筆（三二）〉，《統計學雜誌》，637 號，1939 年 7 月。

263. 濱田文之進，〈各廳人口動態小票報告〉，《臺灣統計協會雜誌》，15 號，1906 年 1 月。

264. 濱田文之進，〈明治三十八年人口動態調各廳別〉，《臺灣統計協會雜誌》，20 號，1906 年 11 月。

265. 濱田富吉，〈國勢調查の施行に關する內地及殖民地間の比較〉，《統計集誌》，462 號，1919 年 8 月。

266. 鎌田正威，〈第一回國勢調查の臺灣に於ける概況〉，《臺灣時報》，十二月號，1920 年 12 月。

267. 鶴南漁夫，〈我邦の統計事業〉，《統計學雜誌》，79 號，1892 年 11 月。

268. 權田保之助，〈本邦家計調查〉，收入高野岩三郎編，《本邦社會統計論》，東京：改造社，1933 年。

269. 總督府官房企畫部，〈昭和十四年臨時國勢調查に就て〉，《臨時情報部部報》，70 號，1939 年 9 月。

270. 總督府官房企畫部，〈時局下に於ける臨時國勢調查〉，《臨時情報部部報》，67 號，1939 年 7 月，

271. 總督府官房企畫部，〈本年度國勢調查 十一月一日實行〉，《臺灣總督府企畫部報》，106 期，1940 年。

272. 臨時臺灣戶口調查部，〈第二回臨時戶口調查ニ關スル各委員長ノ報告（六）〉，《臺灣統計協會雜誌》，132 號，1917 年 1 月。

273. 臨時臺灣戶口調查部，〈第二回臨時戶口調查ニ關スル各委員長ノ報告（八）〉，《臺灣統計協會雜誌》，134 號，1917 年 3 月。

五、中文專書

1. 王泰升，《臺灣日治時期的法律改革》，臺北：聯經出版社，1999 年 4 月。

2. 王泰升，《臺灣法律史概論》，臺北：元照出版社，2001 年 7 月。

3. 北川敏男著、葉能哲譯，《統計學之認識》，臺北：水牛出版社，1968 年 4 月。

4. 吳聰敏、葉淑貞、劉鶯釧編，《日本時代臺灣經濟統計文獻目錄》，臺北：臺灣大學經濟系，1995 年。

5. 黃昭堂，《臺灣總督府》，臺北：前衛出版社，1999 年。

6. 梁華璜，《臺灣總督府南進政策導論》，臺北：稻鄉出版社，2003 年 1 月。

7. 陳善林、張浙，《統計發展史》，上海：立信會計圖書用品社，1987 年 9 月。

8. 葉碧苓，《學術先鋒：臺北帝國大學與日本南進政策之研究》，臺北：稻鄉出版社，2010 年。

9. 臺灣省行政長官公署統計室編,《臺灣省五十一年來統計提要》,臺中:臺灣省政府主計處重印,1994 年。

10. 鄭政誠,《臺灣大調查:臨時臺灣舊慣調查會之研究（1896～1922)》,臺北:博揚文化,2005 年。

六、日文專書

1. 川合隆男,《近代日本における社会調査の軌跡》,東京:恒星社厚生閣,2004 年 3 月。

2. 川合隆男編,《近代日本社會調查史（一)》,東京:慶義通信株式會社,1989 年 11 月。

3. 川合隆男編,《近代日本社會調查史（二)》,東京:慶義通信株式會社,1989 年 11 月。

4. 川合隆男編,《近代日本社會調查史（三)》,東京:慶義通信株式會社,1994 年 9 月。

5. 小杉肇,《統計学史通論》,東京:恆星社厚生閣,1984 年 5 月。

6. 中山伊知郎,《統計學辭典》,東京:東洋經濟新報社,1951 年 12 月。

7. 中村隆英,《家計簿からみた近代日本生活史》,東京:東京大學出版會,1995 年 1 月。

8. 内海庫一郎、木村太郎、三潴信邦編,《統計學》,東京:有斐閣,1976 年。

9. 中鉢正美,《家計調查と生活研究》,東京:光生館,1981 年 12 月。

10. 日本統計研究所,《わが国統計調查の体系:家計調查の發達》,東京:行政管理廳,1959 年 3 月。

11. 多田吉三,《日本家計研究史:わが国における家計調查の成立過程に関する研究》,京都:晃洋書房,1989 年 12 月。

12. 多田吉三,《家計調查論集》,東京:青史社,1992 年 8 月。

13. 佐藤正広,《国勢調查と日本近代》,東京:岩波書店,2002 年 2 月。

14. 佐藤正広,《帝国日本と統計調查——統治初期台湾の專門家集団》,東京:岩波書店,2012 年 3 月。

15. 杉原四郎,《日本経済雑誌の源流》,京都:有斐閣,1990 年 5 月。

16. 松田芳郎,《データ理論—統計調查のデータ構造の歷史的展開—》,東京:岩波書店,1978 年 9 月。

17. 食糧廳,《日本食糧政策史の研究》,第一卷,東京:該廳,1951 年 3 月。

18. 島村史郎,《日本統計発達史》,東京:日本統計協會,2008 年 5 月。

19. 島村史郎,《統計制度論:日本の統計制度と主要国の統計制度》,東京:日本統計協會,2006 年 1 月。

20. 郡菊之助,《統計學發達史》,東京:嚴松堂書店,1939 年 3 月。

21. 高野岩三郎,《社會統計學史研究》,東京:同仁社,1925 年。

22. 高橋益代,《日本帝國領有期台灣關係統計資料目錄》,東京:一橋大學經濟研究所日本經濟統計文獻センター,1985 年。

23. 高橋梵仙,《日本人口統計史》,東京:大東出版社,1942 年。

24. 御船美智子,《家計研究へのアプローチ》,京都:家計經濟研究所,2007 年 3 月。

25. 溝口敏行、梅村又次,《舊日本植民地經濟統計:推計と分析》,東京:東洋經濟新報社,1988 年。

26. 龍溪書舍,《明治後期產業發達史資料》,674 卷,東京:龍溪書舍,2003 年。

27. 藪內武司,《日本統計發達史研究》,京都:法律文化社,1995 年。

七、英文專書

1. Arjun Appadura,*"Modernity at Large:Cultural Dimensions of Globalization"*, U.S.A.:University of Minnesota Press,1996.

2. Edward W. Said, *"Orientalism"*, New York : Vintage Books, c1994.

3. George Barcly,*"Colonial Development and Population in Taiwan"*, Princetion : Princetion University Press, 1954.

4. Ian Hacking,*"Logic of Statistical InFerence"*,Cambridge : Cambridge University Press,1965.

5. Ian Hacking,*"The Taming of chance"*,Cambridge:Cambridge University Press , 1990.

6. Michel Foucault, *"Security, Territory, Population:Lectures at the College De France, 1977～1978"*, Edtiton:St Martins Press.

7. Stephen M.Stigler,*"The History of Statistics:the Measurement of Uncertain"* , London:Harvard University Press,1986.

8. Theodore M. Porter,*"The Rise of Statistical Thinking 1820～1900"*, USA : Princetion University Press,1986.

八、學位論文

1. 王麒銘,〈臺灣總督府官房調查課及其事業之研究〉,臺北:臺灣師範大學歷史所碩士論文,2005 年 6 月。

2. 阿部由理香,〈日治時期臺灣戶口制度之研究〉,臺北:淡江大學歷史研究所碩士論文,2000 年。

3. 高淑媛,〈臺灣近代產業的建立──日治時期臺灣工業與政策分析〉,臺南:成功大學歷史研究所博士論文,2003 年。

4. 陳偉智,〈殖民主義、「蕃情」知識與人類學——日治初期台灣原住民研究的展開（1895～1900）〉,臺北:臺灣大學歷史所碩士論文,1997 年。

5. 黃唯玲,〈日治末期臺灣戰時法體制之研究:從戰時經濟統制邁向「準內地」〉,臺北:臺灣大學法律學研究所碩士論文,2007 年。

6. 黑崎淳一,〈臺北高等商業學校與南支南洋研究〉,臺北:臺灣師範大學歷史所碩士論文,2002 年 6 月。

7. 蔡明志,〈殖民地警察之眼:臺灣日治時期的地方警察、社會控制與空間改正之論述〉,臺南:成功大學建築學系博士論文,2009 年 1 月。

九、中文期刊論文

1. 王秀雲,〈自然與社會的交集:統計學的歷史〉,《科學發展》367 期,臺北:科學發展雜誌社,2003 年 7 月。

2. 吳文星,〈日本據臺前對臺灣之調查與研究〉,《第一屆臺灣本土文化學術研討會論文集》,臺北:臺灣師範大學人文教育研究中心,1994 年 12 月。

3. 吳文星,〈日治初期日人對臺灣史研究之展開〉,《中華民國史專題論文及第四屆研討會》,臺北:國史館,1998 年 12 月。

4. 吳文星,〈札幌農學校與臺灣近代農學的展開——以臺灣總督府農事試驗場爲中心〉,《臺灣社會經濟史國際學術研討會——慶祝王世慶先生七五華誕》,臺北:中央研究院臺灣史研究所籌備處,2003 年 5 月。

5. 吳文星,〈東京帝國大學與臺灣「學術探檢」之展開〉,《臺灣史研究一百年:回顧與研究》,臺北:中央研究院臺灣史研究所籌備處,1997 年 12 月。

6. 吳文星,〈後藤新平——殖民統治基礎的奠基者〉,收於曹永和編《臺灣歷史人物與事件》,臺北:空中大學,2002 年。

7. 林佩欣,〈日治前期犯罪統計書之編製與運用——以 1908 年統計課接辦爲中心〉,發表於「臺灣史青年學者國際研討會」,臺北:政治大學臺灣史研究所,2008 年 3 月。

8. 林佩欣,〈水科七三郎與第一次臨時臺灣戶口調查之實施〉,發表於「日據時期臺灣的文化與社會運動（1921～1936）」研討會,2006 年 10 月 28～29 日。

9. 胡元璋,〈介紹臺灣統計事業〉,收於林滿紅編《臺灣所藏中華民國經濟檔案》,臺北:中研院近史所,1995 年。

10. 姚人多,〈認識臺灣:知識、權力與日本在臺之殖民治理性〉,《臺灣社會研究季刊》,第 42 期,臺北:臺灣社會研究季刊社,2001 年 6 月。

11. 黃子貞,〈中華民國政府統計制度的演進〉,收於林滿紅編《臺灣所藏中華民國經濟檔案》,臺北:中研院近史所,1995 年。

12. 徐聖堯,〈臺灣殖民地圖的社會學想像〉,《網路社會學通訊期刊》,33 期,2003 年 10 月。

13. 韋端,〈統計涵義〉,《主計月刊》,488 期,1996 年 8 月,無頁碼。

十、日文期刊論文

1. 中村隆英,〈国勢調査の歴史〉,《歴史と地理》,552 號,2002 年 3 月。

2. 山本勝美,《国勢調査を調査する》,岩波ブックレット,No.380,東京:岩波書店,出版年不詳。

3. 久保田きぬ子,〈国勢調査の意義と課題〉,《ジュリスト》,No.723,東京:有斐閣,1980 年 9 月。

4. 吳文星,〈札幌農学校と台湾近代農学の展開——台湾総督府農事試験場を中心として〉,收於台灣史研究部會編《日本統治下台灣の支配と展開》,名古屋:中京大學社會科學研究所,2004 年 3 月。

5. 吳文星,〈近代日本における学術と植民地—開拓すべきもう一つの新たな研究分野—〉,收入《北東アジア研究》,第 6 號,島根:島根大學,2004 年 1 月。

6. 吳文星,〈東京帝國大学の台湾に於ける學術調査台湾総督府の植民地政策について〉,《東京大学史紀要》17 號,東京:東京大学,1999 年 3 月。

7. 佐藤正広,〈日本における人口センサス〉,收入安元稔編《近代統計制度の国 際比較 ヨーロッパとアジアにおける社会統計の成立と展開》,東京:日本経済評論社,2007 年 12 月。

8. 佐藤正広,〈台湾における統計家の活動—統計講習会および台湾統計協会雑誌を中心に—〉 No.535, "Discussion Paper Series", Institute of Economic Research, Hitotsubashi University, April 2010.。

9. 佐藤正広,〈明治末期総督府官僚の台湾統治構想と統計調査〉,No.519, "Discussion Paper Series", Institute of Economic Research, Hitotsubashi University, June 2009.。

10. 佐藤正広,〈統計調査の系譜——植民地における統計調査システム〉,《「帝国」日本の学知》,第 6 卷,東京:岩波書店,2006 年。

11. 佐藤正広,〈戦前日本の統計編成業務と行政資料〉,《記録と資料》,No.6,1995 年 9 月。

12. 松田芳郎,〈日本における旧植民地統計調査制度と精度について——センサス統計の形成過程を中心として〉,《経済研究》,28:4,1977 年 10 月。

13. 松田芳郎,〈旧植民地昭和 14 年臨時国勢調査再論—日本の統計調査制度と植民地統計との関係—〉 No.31, "Discussion Paper Series", Institute of Economic Research Hitotsubashi University, March 1980.

14. 栗原純，〈『台湾総督府公文類纂』にみる戸口規則、「戸籍」、国勢調査——明治 38 年の臨時台湾戸口調査を中心として——〉，《東京女子大学比較文化研究所紀要》第 65 巻，東京：該所，2004 年。

15. 島村史郎，〈国勢調査の歴史と意義〉《ジュリスト》，No.723，東京：有斐閣，1980 年 9 月。

16. 高橋益代，〈『台灣統計協會雜誌』總目次解題〉，No.89, "Discussion Paper Series", Institute of Economic Research Hitotsubashi University, May 2005.。

17. 高橋益代，〈日治期台湾の統計調査制度史——台湾総督府の統計調査事業、特に「報告例」について〉，No.153, "Discussion Paper Series", Institute of Economic Research, Hitotsubashi University, March 2006.

18. 富田哲，〈1905 年臨時台湾戸口調査が語る台湾社會——種族・語言・教育を中心に——〉，《日本台湾学会報》，東京：日本台湾学会，2003 年 5 月。

19. 富田哲，〈一九〇五年臨時台湾戸口調査と「内地人」の視線〉，《台湾の近代と日本》，名古屋：台湾史研究部會，2003 年 3 月。

20. 富田哲，〈台灣總督府国勢調査による語言調査——近代的センサスとしての国勢調査の性格からみた内容とその変化——〉，《社会語言学》，通号 2，東京：社会語言学刊行會，2002 年 9 月。

附錄：日本與臺灣統計活動大事年表
（1860～1945）

年	日　　本	臺　　灣
1860	杉亨二進入蕃書調所，接觸到荷蘭的統計資料。	
1869	2 月：杉亨二發表「駿河國沼津政表」、「駿河國原政表」等人口調查報告。	
1871	7 月：杉亨二向大隈重信提出建議實施統計調查的建白書。 大藏省設置統計司。 8 月：大藏省統計司改名為統計寮。 12 月：太政官設置政表課，杉亨二為首任大主記。	
1872	4 月：「辛未政表」發行。 10 月：太政官政表課改為太政官地誌課政表掛。	
1873	5 月：1.「壬申政表」發行。 　　　2. 政表課改屬財務課。	
1874	3 月：太政官財務課政表課改為太政官正院政表課。 4 月：太政官政表課著手「民費調查」。 6 月：「明治六年海外貿易表」出版。 8 月：太政官政表課明確地規範其宗旨，為總括全國的事實記述。 10 月：「表記提綱」出版。 12 月：開始編輯「日本政表」。	

1875	3 月：「明治六年日本府縣民費表」出版。	
	11 月：「明治六年日本政表」出版。	
1876	2 月：杉亨二成立表記學社。	
	6 月：政表會議設置。	
1877	1 月：1. 大藏省統計寮廢止；大藏省本局設置統計課。	
	2. 太政官正院第五科政表掛，改爲調查局政表掛。	
1878	2 月：表記學社改名爲スタチスチク社。	
	11 月：杉亨二與助手聯手完成人口調查計畫書。	
	12 月：製表社成立。	
1879	4 月：1. スタチスチク社機關誌《スタチスチク雜誌》創刊。	
	2. 東京統計協會成立。	
	12 月：杉亨二於山梨縣試行人口調查。	
1880	3 月：太政官調查局政表課，改爲會計部統計課。	
1881	1 月：《日本政表》停刊；《統計要覽》發行。	
	3 月：1. 東京統計協會機關誌《統計集誌》發刊。	
	2. 馬耶德（Paul. Mayet）以普魯士中央統計局爲基礎，以德文口述「統計條例草案」。	
	5 月：會計部統計課廢止；太政官設置統計院。	
	6 月：統計院開始編纂「統計年鑑」。	
1882	4 月：在大隈重信建議下，設置統計院。	
	6 月：第一回《統計年鑑》出版。	
	10 月：「甲斐國現在人別調」結果公佈。	
1883	3 月：大隈重信設置統計委員會。	

1884	4 月：東京統計協會開始討論國勢調查的議題。 9 月：共立統計學校開課。 11 月：1. 東京統計協會小野彌一等七位調查委員，開始從事國勢調查方法的調查。 2. 農商務省展開對人民平均生活費用的調查，以推算人民的生活費。 3. 杉亨二發表「人生學抄譯」，成爲日本最早的家計研究。	
1885	12 月：1. 共立統計學校廢校。 2. 內閣統計局成立。	
1886	2 月：各省設統計主任，成爲與內閣統計局聯絡的窗口。	
1887	法、日文對譯的《日本帝國統計摘要》發行。	
1890	杉亨二以「家爲國之本」爲題，在學士院會進行演講，嘗試分類家計費目。	
1892	1 月：《スタチスチク雜誌》改名爲《統計學雜誌》。 2 月：橫山雅男於東京統計學會演講鼓吹人口統計。	
1893	11 月：內閣統計局縮編爲統計課。	
1895	12 月：國際統計協會邀請日本一起參加 1900 年的世紀人口普查。	6 月：新倉蔚來臺。 7 月：樺山資紀命憲兵對臺北實施戶口調查。 9 月：臺灣總督府制訂「戶口調查假規程」，由警察實施戶口調查。 11 月：《臺灣總督府殖產部報文》出版。
1896	1 月：東京統計協會決定展開國勢調查運動。	

	3月：1. 東京統計協會長花房義質親自向總理大臣伊藤博文提出「民勢大調查建議書」；渡邊洪基等 19 位會員展開連署，向貴眾兩院長提出「明治三十三年國勢調查施行請願」。 　　2. 眾議院議員江原素六等四人，提出將「國勢調查執行建議案」排入議會議程；貴族院議員船越衛、千阪高雅也提出「國勢調查建議案」。	4月：總督府設民政局總務部文書課，為日治時期第一個統計機關。 8月：總督府發佈〈臺灣住民戶籍調查規則〉。 11月：民政部各課設置統計事務取扱主任。 12月：總督府公佈〈統計事務取扱規程〉。
1897	2月：花房直三郎接任統計課長。 3月：1. 近衛篤麿等人向內閣總理大臣松方正義遞交「統計事務擴張建議案」。 　　2. 內閣統計課長花房直三房提出「民勢調查建議書」，並建議設置中央統計局和中央統計委員會。	10月：1. 總督府設官房文書課。 　　2.「新竹廳統計書」出版，為殖民地臺灣統計書之濫觴。 11月：總督府首次出版統計書。
1898	7月：東京統計協會、統計學社、統計懇話會等民間團體，選出「人口調查審查委員」，進行國勢調查預算方法的檢討。 10月：內閣統計課擴編為內閣統計局，首任局長為花房直三郎。 11月：內閣統計課恢復為內閣統計局；農商務省大臣官房設置統計課。	6月：總督府設民政部文書課。 11月：〈臺灣總督府報告例〉公佈。
1899	5月：東京統計協會與統計學社以新手政府官員為對象，舉辦統計講習會。 9月：第一次國際統計會議於挪威舉辦，柳澤保惠以日本政府委員身份前往參加。	3月：竹田唯四郎來臺。
1900	5月：花房直三郎派遣統計局審查官吳文聰至美國考察國勢調查實施情形。 7月：地方統計講習會開始。	

1901		9 月：1. 新倉蔚視察地方廳統計業務，並於 12 月提出視察過後的復命書。
		2. 文書課技手加藤隆作撰文呼籲於臺灣實施島勢調查。
	10 月：吳文聰自美返國後，發起「國勢調查法律私案」，主張應於 1905 年實施第一次國勢調查。	10 月：窪田貞二撰文回應加藤隆作建議於臺灣實施國勢調查的呼籲。
		11 月：1. 總督府設官房文書課。
		2. 公佈〈臺灣總督府統計事務規程〉，官房文書課內設統計主任和統計主查，各機關則設統計主務。
1902	2 月：眾議院議員內藤守三等 11 人提出「國勢調查法律案」，獲得 70 名議員支持，法案並呈至第十六回帝國議會，並送交貴族院。	
		7 月：派遣講習生至東京參加統計講習會。
		11 月：官房文書課長加藤尙志召集參與過東京統計講習會的官員，初步商討國勢調查的基本方針。
	12 月：通過〈國勢調查法〉，擬於 1905 年於帝國版圖內實施國勢調查。	
1903		5 月：總督府發佈〈戶口調查規程〉。
		6 月：第二次派遣講習生到東京參加統計習會。
		8 月：水科七三郎抵臺擔任官房文書課技師。
		9 月：制訂〈統計講習會規程〉；舉辦第一次臺灣總督府統計講習會。
		11 月：1. 臺灣統計協會召開，祝辰已爲會長，加藤尙志爲副會長，水科七三郎爲幹事長。
		2.《臺灣統計協會雜誌》發行。

		12 月：1. 宜蘭廳舉辦統計講習會。 　　　2. 阿猴廳舉辦統計講習會。 　　　3. 水科七三郎至各地視察國勢調查及統計事務。
1904		2 月：水科七三郎提出統計的視察復命書。 3 月：1. 臺北廳舉辦統計講習會。 　　　2.〈國勢調查要件〉發佈。 　　　3. 福田眞鷹來臺。 　　　4. 堤一馬來臺。 4 月：竹村諫來臺。 5 月：1. 永山嘉一來臺。 　　　2. 基隆廳舉辦統計講習會。 6 月：深坑廳舉辦統計講習會。 7 月：桃仔園廳舉辦統計講習會。 8 月：1. 桃仔園廳實施國勢調查的試驗調查。 　　　2. 嘉義廳舉辦統計講習會。 　　　3. 鹽水港廳舉辦統計講習會。 9 月：新竹廳舉辦統計講習會。 10 月：舉辦第二次臺灣總督府統計講習會。 11 月：彰化廳舉辦統計講習會。
	12 月：1. 國會決定無限期延後國勢調查，殖民地臺灣則決定如期實施。 　　　2. 柳澤保惠提出的修正案獲得通過，決議將第一回國勢調查延至 1910 年。	12 月：1. 臺中廳舉辦統計講習會 　　　2. 阿猴廳舉辦第二回統計講習會。 　　　3. 整理戶口調查簿。
1905	2 月：通過〈國勢調查法〉改正，國勢調查無限期延後。	1 月：宜蘭廳舉辦第二回統計講習會。 2 月：1. 恆春廳舉辦統計講習會。 　　　2. 花房直三郎至臺灣視察國勢調查的準備狀況。 5 月：1. 發布「臨時臺灣戶口調查部官制」。 　　　2. 關三吉郎和村重俊槌來臺。 6 月：阪本敦來臺。

		9 月：1. 張貼漢文「臨時臺灣戶口調查諭告文」。 2. 發佈〈人口異動屆出規則〉和〈人口動態報告規程〉。 3. 濱田文之進來臺。 10 月：實施第一次臨時臺灣戶口調查。 12 月：發佈〈戶口規則〉和〈戶口調查規程〉。
1906		1 月：1. 發佈〈人口動態調查規程改正〉。 2. 發行《臺灣十年間之進步》、《臺灣第一統計摘要》。 9 月：決定人口靜態和動態統計表樣式。 11 月：警察本署出版第一冊《臺灣犯罪統計》。
1907		3 月：又田留造來臺。 5 月：《臨時臺灣戶口調查要計表》和《戶口調查集計原表》出版。
1908		1 月：第一回《戶口調查職業名字彙》出版。 3 月：臨時臺灣戶口調查部關閉。 4 月：《臨時臺灣戶口調查顛末》出版。 6 月：《臨時臺灣戶口調查記述報文》出版。 7 月：官房統計課成立，首任課長為水科七三郎；〈官房統計課處務規程〉公佈。
1909	3 月：1. 眾議院議員清崟太郎等 48 人，提出國勢調查實施質問書。 2. 柳澤保惠等四人，於貴族院提出「國勢調查施行建議案」。	1 月：1. 官房統計課公佈〈刑事犯人票記載方法〉。 3 月：漢文《臨時臺灣戶口調查記述報文》出版。 9 月：第五回總督府統計講習會。

		11 月：明治 40 年度《臺灣人口動態記述報文》發行。
1910	4 月：國勢調查籌備委員會設置。 6 月：國勢調查總會召開，協議國勢調查方針。 7 月：召開國勢調查籌備會，定 1915 年 10 月實施國勢調查。	6 月：官房統計課提出「犯罪統計原表樣式」。 10 月：《臺灣第二統計摘要》出版。
1911	 4 月：首相桂太郎於官邸內召集地方官進行國勢調查演說。	1 月：官房統計課調整犯罪統計原表樣式。 5 月：嘉義廳舉辦統計講習會。 6 月：新版《臺灣犯罪統計》發行。 7 月：實施茶葉統計調查。
1912	社會政策學會召開第六次大會，高野岩三郎提案將生計費問題列為共通討論論題。 3 月：「日本國民新死亡表」發刊。	1 月：嘉義廳實施工業統計調查。
1913	1 月：議會審查臺灣第二回臨時臺灣戶口調查預算。 6 月：1. 國勢調查準備委員會廢止。 2. 高野岩三郎介紹德國於 1907 年針對 3,000 馬克以下低收入戶家庭實施之家計調查。	 7 月：1. 水科七三郎向總督指陳務必實施第二次臨時臺灣戶口調查。 2. 花蓮港廳舉辦統計講習會。 8 月：澎湖廳舉辦統計講習會。 9 月：臺中廳舉辦統計講習會。
1914		1 月：南投廳舉辦統計講習會。 2 月：阿猴廳舉辦統計講習會。 4 月：水科七三郎上京會晤內閣統計局長花房三郎，就第二次國勢調查協商內容，請求必要的協助。

		5月：宜蘭廳舉辦統計講習會。
		6月：設置臨時臺灣戶口調查部。
		7月：桃園廳舉辦統計講習會。
		10月：1. 展開戶口調查副簿的整理工作。
		2. 臺南廳舉辦統計講習會。
		11月：發佈戶口調查副簿整理特別法令。
		12月：嘉義廳舉辦統計講習會。
1915		1月：臺北廳舉辦統計講習會。
		2月：1. 屬堤一馬、出田虎武兩人至桃園、新竹、臺中、嘉義、臺南、阿猴等地，展開戶口調查事務視察之行。
		2. 新竹廳舉辦統計講習會。
		3月：臺東廳舉辦統計講習會。
		5月：花房直三郎第二次到臺灣視察。
		8月：堤一馬、出田虎武、右田留造、竹田唯四郎等人到地方視察，確定第二次臨時戶口調查準備狀況。
		10月：第二次臨時臺灣戶口調查實施。
		12月：展開官房調查課的籌備工作。
1916	5月：1. 高野岩三郎選定東京府典型的勞工家族實施家計調查。 2. 內閣訓令公佈「統計進步改善要件」。 6月：高野岩三郎發表「東京二十職工家計調查」報告。	《第二次臨時臺灣戶口調查集計原表》出版。
1917		《第二次臨時臺灣戶口調查概覽表》出版。
		2月：總督府舉辦刑事講習會。
		3月：1. 水科七三郎卸下官房統計課職務，改以囑託任免。
		2. 楠正秋接任官房統計課長。
		9月：《第二次臨時臺灣戶口調查職業名字彙》出版。
1918	2月：國勢調查預算通過，臨時國勢調查局和調查諮詢機關設置。	《第二次臨時臺灣戶口調查記述報文》出版。

		3月：1. 水科七三郎卸下囑託一直回到日本。 2.「臨時臺灣戶口調查部官制」廢止。
	4月：「軍需工業動員法」公佈。 5 月：〈國勢調查局官制〉和〈國勢調查評議會官制〉發佈，設置臨時國勢調查局。	5月：福田眞鷹成爲首任統計官。
		6月：1. 官房統計課改制爲官房調查課；公佈〈臺灣總督府調查課處務規程〉。 2.〈臨時國勢調查部規程〉發佈。 3. 原口竹次來郎臺。
	10月：「國勢調查施行令」公佈。	
1919	2月：召開國勢調查委員會，殖民地臺灣亦出席。 7月：臨時國勢調查局召開國勢調查會議。	7月：福田眞鷹和堤一馬赴京參加國勢調查會議。 10 月：發佈「臺灣國勢調查施行規則」。
	12月：「軍需調查令」公佈。	12月：1. 福田眞鷹病逝。 2. 總督府改定「總督府官房調查課處務規程」。
1920		3月：堤一馬成爲第二任統計官。
		4月：進行戶口調查簿和戶口調查副簿的對照工作。
	5月：內閣統計局與軍需局合併，國勢院設置。	
		6月：於始政紀念日當天，利用飛機空投國勢調查宣傳單。
		7月：宣布於 10 月實施「州市街庄」制。
		9月：國勢調查部主事鐮田正威下鄉視察國勢調查情形。
	10月：1. 內閣設置中央統計委員會。 2. 實施首次國勢調查。	10月：實施國勢調查。

1921	2 月：統計職員養成所開設。	5 月：國勢院長第一部長牛塚虎太郎到臺灣視察國勢調查情形。 9 月：出版《第一回國勢調查住居、世帶及人口》、《第一回臺灣國勢調查職業名字彙》、《第一回臺灣國勢調查要覽表》、《第一回國勢調查集計原表全島之部》、《第一回國勢調查集計原表州廳之部》、《第一回國勢調查記述報文附結果表》、《第一回國勢調查顛末書》等調查報告書。
1922	1 月：「列國國勢要覽」發刊。 4 月：「國勢調查法」改正。 10 月：「勞働統計實地調查」業務由國勢院移交至內務省社會局。 11 月：國勢院廢止；國勢院第一部改回內閣統計局。	12 月：《統計週報》創刊。
1923	5 月：「勞働統計實地調查令」公佈。 9 月：因發生大地震，「勞働統計實地調查令」延期一年實施。	11 月：《第一回國勢調查記述報文》出版。
1924	10 月：第一回「勞働統計實地調查」實施。	10 月：堤一馬因病離開臺灣。
1925	4 月：農商務省分離爲農林省和商工省，兩省大臣官房設置統計課。 5 月：內閣統計局舉辦「統計展覽會」。 6 月：實施「職工賃金每月調查」和「鑛夫賃金每月調查」，合併爲「賃金每月調查」。 10 月：內閣統計局實施「國勢調查」、「失業統計調查」。	7 月：原口竹次郎成爲第三任統計官。 10 月：實施第二次國勢調查。

1926	1月：內閣召開中央統計委員會，諮問家計調查事項。 4月：1. 內閣統計局新設臨時家計調查課，由統計官松田泰二郎擔任課長。 2. 第16回中央統計委員會召開，主要爲家計調查審議會議。 3.「家計調查要綱」制訂。 9月：內閣統計局實施「家計調查」。	
1927	2月：「第一回國際統計摘要」發刊。 5月：內閣設立資源局。 7月：成立資源審議會。 10月：內閣統計局實施「第二回勞働統計實地調查」。	
1928	6月：「大正十三年國富推計」發刊。 12月：「大正十四年國民所得」發刊。	
1929	4月：資源局公佈「資源調查法」。 9月：內閣統計局發表「第四回生命表」。 10月：拓務省召開資源調查會議。 12月：資源局展開資源調查。	10月：總督府派員參加資源調查會議。 12月：「臺灣資源調查令」發佈。
1930	4月：資源局召開資源調查法說明會議。 8月：內閣統計局刊行「明治以降我國的人口」。 9月：第19回國際統計協會會議在東京舉辦。 10月：1. 內閣統計局實施「國勢調查」。 2. 內閣統計局實施「第三回勞働統計實地調查」。	10月：實施第三次國勢調查。
1931		1月：官房調查課接手資源調查事業。 2月：資源局事務官秋山罪太郎來臺進行資源調查演講。
	3月：米穀法改正。 4月：1. 內閣統計局於第24回中央	

	統計委員會中諮問「家計 調查實施細則」。 2. 日本統計學會成立。 7 月：內閣統計局公佈「家計調查施 行規則」，同時制訂「家計調 查施行細則」。 9 月：內閣統計局實施「家計調查」。	6 月：調查課召開資源調查會議。
1933	「家計調查報告書」公佈。 10 月：內閣統計局實施「第四回勞働 統計實地調查」。	
1935	5 月：內閣調查局成立。 8 月：內閣統計局公佈「第五回生命 表」。 10 月：內閣統計局實施「國勢調查」。	8 月：高雄州舉行資源調查講習會。 10 月：實施第四次國勢調查。
1936		7 月：「臺灣資源調查委員會」設置。 11 月：1. 原口竹次郎離開臺灣。 2.《臺灣住民生命表》發行。 12 月：召開資源調查磋商會。
1937	5 月：內閣調查局改組為企畫廳。 10 月：企畫廳和資源局合併，成為企 畫院。 11 月：實施家計調查。	1 月：展開資源調查第一回委員會。 3 月：大竹孟擔任第四任統計官。 5 月：大竹孟上京參加地方統計課長 會議。 6 月：「臺灣資源」創刊。 8 月：〈臺灣家計調查規則〉公佈。 9 月：〈臺灣家計調查綱領〉公佈。 11 月：實施家計調查。
1938	2 月：內閣統計局實施「昭和十三年 臨時勞働統計實地調查」。 3 月：「國家總動員法」通過。 4 月：內閣統計局開始「食糧品移動 狀況調查」。	
1939	3 月：「國勢調查法」改正，追加臨 時國勢調查的規定。	

	4 月：公佈〈昭和十四年臨時國勢調查要綱〉、〈臨時國勢調查施行令〉。	
		6 月：公佈〈昭和十四年臨時國勢調查施行規則〉。
		7 月：官房調查課解散；官房企畫部成立。
	8 月：內閣統計局實施「昭和十四年臨時國勢調查」。	8 月：實施「昭和十四年臨時國勢調查」。
		9 月：1. 完成「昭和十四年臨時國勢調查」申告書收集作業。 2.「臺灣總督府統計事務規程改正」發佈。
	10 月：內閣統計局實施「第六回勞働統計實地調查」。	10 月：實施勞動調查。
	12 月：內閣統計局公佈「第六回生命表」。	
1940	5 月：內閣發佈〈昭和十五年國勢調查施行令〉。	
	6 月：內閣統計局實施「昭和十五年臨時勞働及技術統計調查」。	6 月：針對工廠、礦山、交通事業體等，實施勞動人員、就業時間及賃金的調查
		7 月：發佈〈臺灣總督府臨時國勢調查部規程〉。
	10 月：實施「國勢調查」。	10 月：實施第四次「國勢調查」。
	12 月：中央統計委員會廢止。	
1941	1 月：基於資源調查法，農林、商工、厚生三省制訂業務範圍內之「重要物資現在高調查規則」。	
		3 月：公佈「臨時國勢調查」結果。
	6 月：內閣統計局實施「第一回勞働技術統計調查」。	6 月：柿崎宗穎來臺接任統計官。
		8 月：官房企畫部自官房獨立，成為企畫部。
	10 月：內閣統計局擴充「家計調查」的內容。	

1942		10 月：公佈勞動調查結果。
	11 月：內閣統計局改爲統計局，受企畫院總裁指揮監督。	11 月：企畫部解散，成立總務局統計課。
1943		8 月：募集家計簿記入家庭。
		10 月：實施第二次家計調查。
	11 月：統計局回復爲內閣統計局。	
1944	2 月：內閣統計局實施「昭和十九年人口調查」。	
	4 月：內閣統計局公佈「勤勞統計調查令」。	
	7 月：東京統計協會與統計學社合併爲大日本統計學會。	
1945	8 月：終戰。	